ライブラリ 経済学への招待 ── 3

マクロ経済学への招待

郡司 大志
HIROSHI GUNJI

新世社

はしがき

　この本は次のような読者を対象としている。

　第1に，経済学の全くの初学者であるが，経済学を少々疑っているような方である。本当に経済学は現実を説明できるのだろうかと考えている方に，本書を手にとっていただきたいと考えている。

　第2に，ミクロ経済学は勉強したが，マクロ経済学はミクロ経済学の応用分野であるから勉強する必要がないと考えている方である。マクロ経済学には，固有の概念がいくつもある。経済政策を考える上でマクロ経済学は欠かせないと実感してもらいたい。

　第3に，すでにマクロ経済学は勉強済みであるが，通常のマクロ経済学では語られない内容について知りたいという方である。経済について既知であると自覚していても，案外誤解していることもありうるものである。

　本書は新しいスタイルのマクロ経済学への入門書である。マクロ経済学というのは経済学においては主要な科目であるが，本書はこれまでのマクロ経済学では取り上げられなかった内容も含んでいる。筆者は標準的なマクロ経済学の教育を受けてきた。しかし，ここ10年ほどで標準的でないマクロ経済学の勉強をしてきた。その中には，ポスト・ケインズ経済学であったり，現代貨幣理論（MMT）であったり様々な分野が含まれる。そうした学問をやみくもに勉強していたわけではなく，現実をより良く描写する理論とは何かについて考えてきたのである。

　例えば本書中に述べた，中央銀行・銀行が元手なしにマネーを作り出せるとする考え方は，経済学を既習の方ほど受け入れがたいかもしれない。また，自国通貨建て債務を発行する政府は（自ら望まない限り）破綻しないという考え方も批判の対象となりうるだろう。しかし，これらの考え方は相当昔から存在したものであり，現代の実務家の方々からも確認していただいたものである。

i

そのような部分を説明する際にも，コンパクトでわかりやすい表現になるように心がけた。

　こうした概念を執筆しようとした理由の一つは，少子高齢化や社会保障費の問題に関連して，高齢者は集団自決すべきとする過激な発言をする経済学者が現れたからでもある。自国通貨建て債務を発行するならば基本的には政府は財政を気にする必要はない。つまり，高齢者が財政の負担になるなどということはないのである。また，税が財政の財源となるということもない。これらのことを知ることによって，不要な世代間対立を防ぐことができるようになるだろう。

　本書の作成にあたり沢山の方々のお世話になった。筆者は，学部，大学院での恩師である萩原進先生，靎見誠良先生のおかげでマクロ経済学に強い興味を持つようになった。筆者は大学院時代，興味に任せて手当たり次第に授業を受けていたので，多数の先生方にご教授いただいた。特に，大学院時代は恩師として，現在は共著者としてお世話になっている宮﨑憲治先生には，私の経済学に対する基礎を作っていただいた。共著者や研究会・学会などでお会いする研究仲間からはマクロ経済学に関する様々な知識をいただいた。また，学界外でも望月慎氏との議論は本書執筆に大いに役立った。宮川努先生からは執筆の推薦をいただいた。筆者は体調を崩したり，大学院経済学研究科委員長を務めたりするなどして執筆に大幅に時間がかかったが，新世社の御園生晴彦氏からは折に触れて励ましのお言葉をいただき，通勤時間を利用するなどして執筆に取り組んだ。また，編集作業は新世社の菅野翔太氏が担当された。ここに書ききれない方々も含めて，お世話になった方々に深く感謝する。ただし，残された誤りは筆者に帰するものである。

　2024 年 9 月

郡司　大志

目　次

第1章　マクロ経済学はなぜ重要なのか？　　1

1.1　マクロ経済学と資本主義 ································· 1
1.2　賃金と失業 ··· 3
1.3　インフレーション・デフレーション ···················· 5
1.4　貧困，経済成長，経済格差 ····························· 7
1.5　景気循環 ··· 9
1.6　２つの赤字：財政赤字と貿易赤字 ····················· 10
1.7　まとめ ·· 13
　　練習問題　　13

第2章　経済セクターとバランスシート　　15

2.1　フローとストック ···································· 15
2.2　家計とそのバランスシート ··························· 16
2.3　非金融法人企業とそのバランスシート ················· 18
2.4　金融機関とそのバランスシート ······················· 19
2.5　政府とそのバランスシート ··························· 22
2.6　中央銀行とそのバランスシート ······················· 24
2.7　経済のすべてのセクター ····························· 25
　　練習問題　　27

第3章 国内総生産（GDP） 30

3.1 国内総生産とは ……………………………………………… 30

3.2 国内総生産（支出側） …………………………………… 33

3.3 国内総生産（分配側） …………………………………… 35

3.4 都道府県ごとのGDP …………………………………… 36

3.5 名目GDPと実質GDP …………………………………… 37

練習問題　41

第4章 政府と中央銀行 43

4.1 政府と中央銀行の役割 …………………………………… 43

4.2 「統合政府」という考え方 ……………………………… 50

4.3 政府が税を課す理由 ……………………………………… 54

練習問題　55

第5章 銀行業とマネー 57

5.1 銀行の役割 ………………………………………………… 57

5.2 マネーストック ………………………………………… 59

5.3 マネタリーベースとマネーストックとの関係 ………… 62

5.4 なぜマネーは受容されるのか ………………………… 63

5.5 なぜ預金はマネーとなりうるのか…………………… 66

練習問題　67

第6章 物価とインフレーション 69

6.1 物価指数 …………………………………………………… 69

6.2 インフレーション ……………………………………… 73

6.3 インフレのコスト ……………………………………… 75

6.4 なぜインフレは起きるのか …………………………… 77

6.5　マネーは物価を変化させるのか ……………………………… 79
　　練習問題　81

第7章　労働市場と失業　　83

7.1　労働市場 ………………………………………………………… 83
7.2　失　業 …………………………………………………………… 87
7.3　（賃金版）フィリップス曲線 ………………………………… 93
　　練習問題　94

第8章　ケインジアン・クロス　　96

8.1　閉鎖経済モデルでの乗数効果 ………………………………… 96
8.2　比例税の導入 …………………………………………………… 102
8.3　財政政策 ………………………………………………………… 102
8.4　節約のパラドックス …………………………………………… 104
8.5　開放経済モデルでの乗数効果 ………………………………… 104
8.6　SFCモデル ……………………………………………………… 106
　　練習問題　111

第9章　IS-MP-IA モデル　　113

9.1　投資支出の導入 ………………………………………………… 113
9.2　投資関数 ………………………………………………………… 115
9.3　イールドカーブ ………………………………………………… 117
9.4　IS曲線とMP曲線 ……………………………………………… 119
9.5　IS-MPモデル …………………………………………………… 122
9.6　IS-MP-IAモデル ……………………………………………… 124
9.7　IS-MP-IAモデルの問題点 …………………………………… 128
　　練習問題　129

第10章　財政政策　131

10.1　財政政策のおさらい ……………………………………… 131
10.2　政府の信用創造 ……………………………………………… 132
10.3　政府支出の仕組み …………………………………………… 135
10.4　ジョブ・ギャランティー ………………………………… 137
10.5　ベーシック・インカム …………………………………… 139
　練習問題　140

第11章　金融政策　142

11.1　金融政策のおさらい ……………………………………… 142
11.2　金融市場調節の仕組み …………………………………… 144
11.3　中央銀行の信用創造 ……………………………………… 148
11.4　非伝統的金融政策 …………………………………………… 149
　練習問題　151

第12章　景気循環と経済危機　153

12.1　景気循環 ……………………………………………………… 153
12.2　景気循環の理論 ……………………………………………… 157
12.3　経済危機 ……………………………………………………… 160
12.4　経済危機の理論 ……………………………………………… 162
　練習問題　163

第13章　経済成長と所得格差　165

13.1　経済成長 ……………………………………………………… 165
13.2　経済成長の理論 ……………………………………………… 167
13.3　所得格差 ……………………………………………………… 172
　補論　技術進歩と人口増加のある場合の資本ストック変動の計算 …… 177

練習問題　178

第 14 章　財政収支と経常収支　　180

14.1　財政収支 ································· 180

14.2　経常収支 ································· 182

14.3　為替レート ······························ 183

14.4　財政の持続可能性 ························ 186

14.5　経常収支赤字の持続可能性 ················ 187

14.6　部門別の資金過不足 ······················ 188

練習問題　190

■参考文献　192

■練習問題解答　194

■索　引　198

第1章
マクロ経済学はなぜ重要なのか？

- 1.1 マクロ経済学と資本主義
- 1.2 賃金と失業
- 1.3 インフレーション・デフレーション
- 1.4 貧困，経済成長，経済格差
- 1.5 景気循環
- 1.6 ２つの赤字：財政赤字と貿易赤字
- 1.7 まとめ

マクロ経済学は集計されたデータおよび一地域全体の経済の状況を分析する学問である。例えば，日本国内でどのような経済活動が行われているのかを包括的に観察し，その問題点を解決することを目標とする。この章では，この本全体で扱われるテーマを概観することで，マクロ経済学はなぜ重要なのかについて考えていく。もちろん，個別のテーマごとに重要な意味はあるが，経済を全体として捉えることの重要性についても考えてみてほしい。

1.1　マクロ経済学と資本主義

　経済学を学ぶ人が最初に学習するのは，ミクロ経済学かもしれない。ミクロ経済学は，経済を構成する個別の主体の行動や個別の市場について，その行動や資源配分を研究する学問である。それに対してマクロ経済学では，集計されたデータや経済全体の振る舞いについて研究する。

　マクロ経済学を学ぶ前に知っておかねばならないのは，経済学のほとんどの分野でも同じであるが，資本主義経済における経済現象を対象とするという点である。人々が生活をするためには食べるものや使うものなどを作り出さねばならない。このような活動を生産という。生産するためには，まず自

1

然から資源を取り出し，道具によって加工したり，材料となったものや完成品などを保存したり資金としてとっておく必要がある。こうした生産のために必要な材料，道具，資金などを資本と呼ぶ。資本を保有する人々は資本家と呼ばれ，働く人々は労働者と呼ばれる。資本主義とは，資本を保有する資本家に労働者が雇われて生産を行うことをいう。そんなことは当たり前ではないかと思われる読者は多いかもしれないが，日本で最初に資本家が資本を保有する形で労働者を雇う形態，すなわち株式会社が設立されたのは1873年設立の第一国立銀行（現在のみずほ銀行）である。つまり，日本は資本主義をたった百数十年ほどしか経験していないことになるのである！

　資本主義以前の経済体制はどうだったのだろうか。諸説あるが，日本は中世以降，権力者が資本（主に土地）を所有し，それを被支配者に貸し出す形で生産を行う封建制であった[1]。支配者と被支配者が存在し，主従関係を結んでいるという点で封建制は資本主義とは異なる。資本主義では，資本家と労働者との間に主従関係はない。もちろん，立場としては労働者のほうが資本家よりも弱いことが多いため，労働者は労働組合を結成するなど法律によって保護されている。

●現実の経済

　こうした資本主義の経済を本書では扱っていくが，資本主義経済全体ではどのような問題が生じるのであろうか。ミクロ経済学には「厚生経済学の第1基本定理」というものがある。この定理は，完全競争市場は誰かの効用を上げようとすると誰かの効用を下げなければならないような状態を実現するというものである。

　ということは，経済は政府が何もしなくても理想的な状態にたどり着くと思えてしまう。しかし，この定理と現実とを比較するといくつもの相違点が見つかる。まず，何の摩擦もない完全な市場は現実には存在しない。インターネットの発達した現在においても，自分にとって最適な店を探すのは苦労するし，企業同士も少しでも値上げしたら客を他企業にすべて奪われてしま

---

[1]　日本における封建制については，例えば今谷（2008）を参照されたい。

うということもない。また，契約する際に売り手と買い手との間に情報が完全に共有されているということもない。大抵の場合は，どちらかが有利な情報を持っているものである。したがって，放っておけば経済は良い方向に行くというような考え方は素朴な楽観主義であろう。

●政府の存在

そこで登場してくるのが政府である。政府は政策によって経済をより良い方向に変えようとする。政策には様々なものが存在するが，それらは裁量とルールとに分類できる。裁量とは，何かが起こるたびにその都度最適な政策を行うというものである。例えば，景気が悪くなった場合にこれまでに行ってこなかった減税を実施するような場合などである。一方でルールとは，事前に政策の方向性を決めておき，その方向性に従って政策を実行することである。例えば，物価が上がったときにどれだけ対策をするかを事前に決めている場合などである。

ルールの中には，ビルトイン・スタビライザーというものがある。ビルトイン・スタビライザーとは，経済が自動的により良い方向に動くようにあらかじめ制度を定めておくというものである。例えば，所得が高い人ほど所得税が高くなるという累進課税制度は，景気が加熱して所得が高い人が増えてくると税率が高くなり景気を落ち着かせることができる一方，景気が悪くなった場合には税率が低くなって景気を回復させる効果がある。

1.2　賃金と失業

マクロ経済学で重要となるテーマのうち最も重要なものの一つは，労働者が労働した代わりに受け取る給料，すなわち賃金である[2]。労働者は労働という形のない商品（サービス）を売っていると解釈できる。労働者が毎日労働

---

[2]　賃金（ちんぎん）の「金」の字は普通「ぎん」とは読まない。実は，昔は賃銀と「銀」の字を使っていたため，音だけが残ったのだと考えられる。筆者が大学生の頃は，「賃銀」と書く先生が何人もいた。

1　マクロ経済学はなぜ重要なのか？　**3**

図1.1 失業率

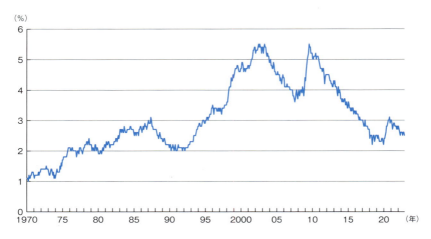

（出所）総務省統計局「労働力調査」

するためには，十分な食事を摂り，健康的で文化的な生活を送らねばならない。それには十分な賃金が必要となる。したがって，賃金がどの程度の水準であるのかを調べることが必要となってくるのである。

賃金を受け取るためには，資本家に雇用されなければならない。そのため，働く意欲はあるのに何らかの理由で雇われていない（失業している）人々である失業者が経済全体でどれだけいるのかもマクロ経済学の重要なテーマである。働く意欲のある人々に対して雇われなかった人々の割合を失業率と呼ぶ。失業は人々にとって不幸な出来事であるというだけでなく，働くことができるにもかかわらず働いていないことになり経済にとっても非効率であるため，失業率を下げることが重要なのである。

図 1.1 は日本の 1970 年以降の失業率を示している[3]。失業率は 1970 年代から 1987 年にかけて 3％にまで上昇した後，1990 年代はじめに 2％台に落ち着いた。しかし，バブル経済の崩壊とその後の長引く不況とともに 2003 年 4 月に 5.5％ に達した。そこから徐々に回復するが，2008 年のリ

---

[3] ここでの失業率は，完全失業率を表している。完全失業率については第 7 章を参照されたい。

ーマン・ショックと呼ばれる経済危機時に失業率は上昇し，再び 5.5％ となった。その後の回復の過程を経て 2020 年に新型コロナ禍によるショックがあり，現在に至っている。失業は，働くことのできる雇用者が働いていない非効率な状態なので，これを解決することはマクロ経済学の重要な課題である。

1.3　インフレーション・デフレーション

　私たちの身の回りには様々な形のあるもの（財）や形のないもの（サービス）が売られている。例えば，チョコレートやお米は形があるので財であり，音楽配信や携帯電話の受信などは形がないのでサービスである。財・サービスにはそれぞれ需要と供給があり，それぞれの市場で価格が決まる。価格が変化する際にも，それぞれの市場の要因による。

　他方で，多数の財・サービスの価格が同じ方向に変化することもありうる。例えば，原材料の価格が変化した場合や，賃金が変化した場合である。このように，経済全体の要因により財・サービスの全体の価格を物価と呼び，物価が持続的に上昇することをインフレーション（インフレ）と呼ぶ。逆に，物価が持続的に下落することをデフレーション（デフレ）と呼ぶ[4]。

　日本では長い期間，物価がほとんど変動しなかった。しかし，2022 年には大幅な物価上昇が見られた。消費者が一般的に購入する財・サービスから構成される物価を指数化した消費者物価指数（CPI）の前年同期比（図 1.2）で見ると，2023 年 1 月には CPI は 4.2％上昇した。これほどの上昇は実に 41 年ぶりであった。

●インフレとデフレの問題
　物価の上昇はすぐに消費者の生活に影響を与えた。これまで買っていたものが高くなるのだから，買うものの量を減らさない限り出費は増えてしまう。

---

[4]　インフレーション，デフレーションについては，第 6 章で詳しく解説する。

1　マクロ経済学はなぜ重要なのか？　**5**

図1.2 日本のCPIインフレ率

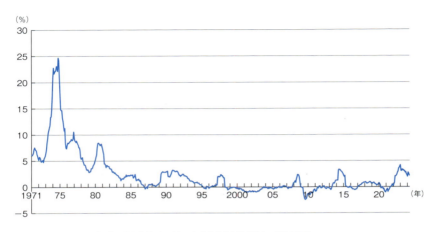

（出所）　総務省統計局「消費者物価指数（CPI）」より生鮮食品を除く総合の前年同月比。

　実際，消費者の支出は2022年11月に実質的に1.2％減少した[5]。その一方で，業績が好調であった大企業では「インフレ手当」として給与を上乗せして支給した[6]。しかし，そうした手当にもかかわらず，インフレは庶民の生活を苦しめている。

　インフレは困るのだから，デフレならば消費者のためになると思われるかもしれないが，実際にはそうでもない。日本では1990年代後半以降，度々インフレ率がマイナスになる事態に見舞われた。デフレは財・サービス価格の低下であるから消費者の購入価格は低下する。しかし，企業側から見れば収入の低下を迫られているのであって，コストを切り詰めなければ利益を維持できない。そこでしわ寄せが来たのが賃金であった（図1.3）。賃金を下げればコストを切り詰めることができるので，価格を引き下げることもできるようになる。ただし，経済全体で見れば賃金が低下してしまうとデフレであっても買える財・サービスの量は減ってしまう。こうして，デフレも経済に

---

[5]　総務省統計局「家計調査報告　2022年(令和4年)11月分」
[6]　日本経済新聞電子版 2022年11月30日（https://www.nikkei.com/article/DGXZQODL299A80Z21C22A1000000/）

図1.3　現金給与総額

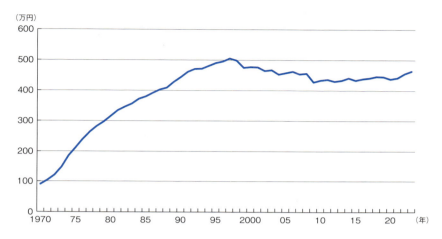

(出所)　厚生労働省「毎月勤労統計調査」より現金給与総額（調査産業計，30人以上，就業形態計）の月額を12倍した。

困った影響を与えるのである。

1.4　貧困，経済成長，経済格差

　日本は世界の国々の中では比較的裕福な国であることはよく知られている。それでは日本よりも貧しい国々ではどのような生活をしているのだろうか。ここでは国ごとの1年間の所得や生産を表す国内総生産（Gross Domestic Product, GDP）という指標を見てみよう[7]。国際通貨基金（IMF）の統計によると，2020年の日本の一人あたりGDP（米ドル）は，日本が4万ドルであったのに対し，ブルンジ共和国では260ドル（年額である点に注意！）であった[8]。日本の物価は先進国では比較的低いが，それでもブルンジ共和国のGDPでは日本で生活するのが非常に苦しいレベルであろう。

---

[7]　GDPについては第3章で詳しく説明する。
[8]　World Economic Outlook (https://www.imf.org/external/datamapper/datasets/WEO) より，名目の値。

| 表1.1　様々な国のGDPと一人あたりGDP |

国	GDP（名目，十億米ドル）			一人あたりGDP（名目，米ドル）		
	1980年	2000年	2020年	1980年	2000年	2020年
日　本	1,128	4,968	5,051	9,659	39,173	40,133
中　国	303	1,206	14,863	307	951	10,525
韓　国	65	576	1,645	1,715	12,263	31,728
イギリス	605	1,669	2,707	10,738	28,348	40,347
アメリカ	2,857	10,251	21,060	12,553	36,313	63,577

（出所）　IMF, World Economic Outlook database

　表1.1は様々な国のGDPを表している。日本は戦後から1960年代の高度経済成長期を経て1980年にはイギリスのGDPの約2倍，アメリカの半分程度になっていた。2020年になると日本は2000年の水準から足踏みしている間に，中国が一気に追い越してしまった。

　ただし，これは国全体のGDPであり，国民一人あたりにすると見方が変わってくる。1980年には日本は一人あたりGDPでイギリスと同程度かやや低いくらいであったが，2000年にはアメリカを追い越していた。しかしながら，2020年になるとイギリス，アメリカに再び抜かれただけではなく，韓国も背後に迫ってきている。また，全体のGDPでは抜きん出ていた中国は，一人あたりGDPで見ると他国と比べてかなり低いこともわかる。とはいえ，1980年と2020年を比較すると実に約30倍にもなっており，中国の経済成長は一人あたりで見ても驚くべきスピードである。

　このようなGDPの推移はどのようにして発生したのであろうか。また，なぜ国によってこのような違いがあるのであろうか。これらの問題を明らかにするのもマクロ経済学の目的の一つである[9]。

---

[9]　所得格差については第13章で詳しく解説する。

図1.4 四半期の実質GDPと景気後退期

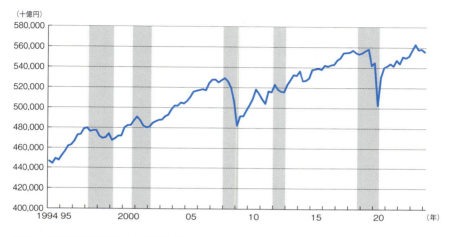

(出所) 内閣府「国民経済計算」および「景気基準日付」

1.5 景気循環

　前節では1年間のGDPについて概観したが，GDP統計は3ヶ月ごと（四半期という）でも公表されている。図1.4の実線は1994年以降の四半期のGDPを表している[10]。実線が継続して上昇している期間は好況（景気拡大期），下降している期間は不況（景気後退期）である。内閣府では景気の山と谷の日付も公表している。図1.4の網掛けの部分は景気の山から谷，つまり景気後退期を示している。

　好況の際のGDPはあまり変動せずにゆっくりと上昇していくのに対し，不況の際には一気にGDPが減少する傾向が見られる。とりわけ大きな変動は2008年から2009年にかけての期間と，2019年から2020年にかけての期間である。前者は失業率の節でも見たリーマン・ショックの期間であり，GDPが7年前の水準に逆戻りするほどの影響があった。後者は新型コロナ禍の影響であり，2020年の第2四半期のGDPは前期比で約−8%の低下で

---

[10] ここでのGDPは実質値である。実質GDPについては第3章で説明する。

1　マクロ経済学はなぜ重要なのか？　　**9**

あった。

このように，経済には拡大する時期と後退する時期が存在し，それぞれ一定期間持続する傾向が見られる。こうした傾向はなぜ生じるのであろうか。また，景気の変動を和らげることは可能なのであろうか。後の章ではこれらの問題についても考察することにしよう。

1.6　2つの赤字：財政赤字と貿易赤字

「赤字」という言葉は我々個人でも気になる言葉であるが，マクロ経済学でも問題となる言葉である。マクロ経済学では通常2つの赤字が取り上げられる。

●財政赤字

1つ目は政府の歳出が歳入を上回る財政赤字である。図1.5は1980年以降の政府部門の収支を表している。プラスのときは財政黒字，マイナスのときは財政赤字である。ひと目見てわかるように，ほとんどの期間が財政赤字であり，財政黒字は1988〜1991年の4年間のみである。この期間はちょうどバブル景気にあたり，好景気による税収増に支えられた黒字である。その後の期間には3回大きな赤字がある。1つは1998年であり，多数の金融機関が経営難に陥った期間であった。日本政府は金融機関に多額の財政資金を注入して救済した。2つ目は2009年であり，リーマン・ショックの影響による景気後退で税収が落ち込んだことによる。3つ目は2020年であり，新型コロナ禍による税収減とともに感染対策・対応のための支出増により膨らんだ赤字である。

このようにある一定期間の間に発生した金額を合計したものをフローという。これに対して，フローが積み重なり，ある時点での積算値を表したものをストックという。財政赤字はフローであるが，赤字が積み重なれば累積赤字になる。

図1.6は一般政府の純債務，すなわち累積赤字である。債務はバブル経済

10

図1.5　財政収支

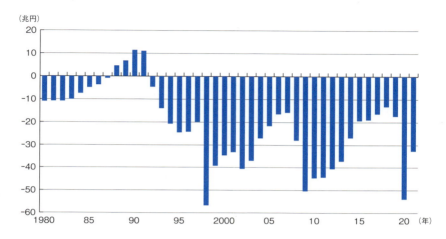

（出所）　内閣府「国民経済計算」より。1980～1993年は2015年（平成27年）基準（2008SNA）であり，1994年以降は平成12年基準（1993SNA）である。

図1.6　一般政府の純債務

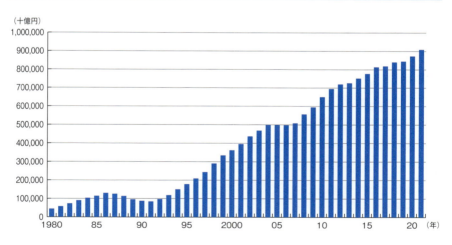

（出所）　IMF, World Economic Outlook, October 2022 より。

期を除いてほぼ一貫して増加傾向にあり，直近の2021年度（推定）では900兆円に達している。金額としては大きな数字であるが，GDPが五百数

1　マクロ経済学はなぜ重要なのか？　　**11**

図1.7 貿易・サービス収支

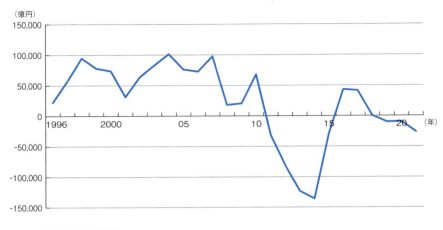

(出所) 財務省「国際収支状況」

十兆円であることを考えると途方もないというほどではないのかもしれない。ただ，増大する一方の累積赤字を放っておいてもよいものなのだろうか。マクロ経済学ではこうした課題にも取り組む。

● 貿易赤字

　2つ目の赤字は財・サービスの輸入額が輸出額を上回る貿易赤字である。経済学では財のみの輸出・輸入の差額を貿易収支といい，サービスの輸出・輸入の差額はサービス収支という。両方を合わせたものは貿易・サービス収支と呼ばれる。簡単にいえば，外国と財・サービスを取引して，どれだけもうけが出たかを表したものである。図1.7は1996年以降の貿易・サービス収支を表したものである。大きな変動はあるものの，2010年までは貿易・サービス収支は黒字を保っていた。ところが，2010年以降は，やはり変動は大きいものの，赤字の傾向が見られる。とりわけ2013，14年の赤字は大きかった。

　外国との取引で赤字が生じるのは，一時的ならば問題はなかろう。しかし，長期的にこれが続くことに問題はないのであろうか。例えば，アメリカは長

期的に貿易・サービス収支赤字が続いている。日本もアメリカのように長期的な赤字国になる可能性もある。こうした課題もマクロ経済学の扱うものの一つである。

1.7　ま　と　め

　ここまでたくさんのマクロ経済学上の課題を紹介してきた。ミクロ経済学であれば，個人の問題や企業の問題など，わかりやすい課題がたくさんあってとっつきやすいという人が多い。ところが，マクロ経済学の課題は一国全体の（ときには世界全体の！）問題ばかりであり，身近に感じることが難しいかもしれない。その点で，マクロ経済学は宇宙物理学に似ているようにも思える。我々の住む地球に現れる現象が宇宙のどのような現象から発生しているのか，関連を知るのは非常に興味深い。そうした巨視的な学問がマクロ経済学なのである。

　とはいえ，宇宙物理学とマクロ経済学では違いもある。マクロ経済学上の現象は我々の生活に必ず影響を与えているものである。例えば失業率は，数字の上では大きいか小さいかだけに見えるが，我々が仕事を失ったり，仕事を探したりする上で影響があるものであることは想像に難くない。また，マクロ経済学的現象には直接影響を与える手段である「政策」が存在する。我々個人は政策を実行することは難しいが，政策を実行する政府を選ぶための選挙権を持っている。18歳以上の読者であれば，選挙によってマクロ経済学で得た知識を活かすことができるわけである。

◆　練習問題
問 1.1　生産のために必要なものを所有しているのは次のうちどれか。
①　労働者
②　資本家
③　取締役
④　株主

問 1.2　経済が自動的により良い方向に動くようにする制度を何と呼ぶか。
① テイラー・ルール
② フリードマン・ルール
③ ビルトイン・スタビライザー
④ 政府介入

問 1.3　失業率とは何か。
① 働く意欲のある人々に対して雇われなかった人々の割合
② 全人口に対して雇われなかった人々の割合
③ 働く意欲のある人々に対して働く意欲のない人々の割合
④ 全人口に対して働く意欲のない人々の割合

問 1.4　デフレーションとは何か。
① 景気が悪化した状態
② 景気が好転した状態
③ 物価が持続的に上昇する状態
④ 物価が持続的に下落する状態

問 1.5　GDP とは何の略か。
① 消費者物価指数
② 企業物価指数
③ 国内総生産
④ 国民総所得

問 1.6　次のうちストックはどれか。
① 今月の売上総額
② 月末の商品在庫
③ 先月の来客数
④ 今年の利益

第 2 章
経済セクターとバランスシート

- ■ 2.1　フローとストック
- ■ 2.2　家計とそのバランスシート
- ■ 2.3　非金融法人企業とそのバランスシート
- ■ 2.4　金融機関とそのバランスシート
- ■ 2.5　政府とそのバランスシート
- ■ 2.6　中央銀行とそのバランスシート
- ■ 2.7　経済のすべてのセクター

　マクロ経済学では集計されたデータを主に扱うことを第 1 章で紹介した。個別の経済主体では様々な行動が見られるが，集計することによって全体の傾向が見られるようになる。同様に，同じような行動をするグループを別途集計することで，経済に特有の傾向が見えるようにもなる。こうしたグループを**部門**あるいは**経済セクター**（単に**セクター**とも）と呼ぶことにする。ミクロ経済学では個別の経済主体について分析するが，マクロ経済学ではセクターごとに分析を行う点が大きく異なる。この章では，マクロ経済学で扱うセクターにはどのようなものがあるのか，セクターの何を観察すべきなのかについて見ていく。

2.1　フローとストック

　セクターについて学ぶ前に，データを見るための準備をしておこう。1.6 節でふれたように経済のデータには，その時々で生じる取引に関するデータであるフローと，ある時点で蓄積された額を見るストックが存在する。例えば，我々が得る給与はその時々（毎月）発生するデータでありフローである。食費として使う金額もその時々で発生するので，これもまたフローである。フローは発生した時点だけでなく，1 年間で集計してもよい。1 年間で見れ

15

表2.1　バランスシートの概略

資　産	負　債
現金・預金や物品，土地，建物など金銭的価値があるもの	金銭を支払う義務（借入金など）
	正味資産（あるいは純資産）
	資産と負債の差額

ば年収がわかる。これに対し，年末に残っていた現金・預金の額はストックとなる。ストックはある一時点に蓄積していた額であればよいので，年末（12月31日時点）だけでなく年初（1月1日時点）でも，年度末（3月31日時点）でもいつでもよい。

●バランスシート

　ストックの額がわかると，ある一時点でどのような種類のストックを持っていたのかを表すバランスシート（貸借対照表，B/Sとも表記する）を作ることができる。ストックには大まかに，資産となるものと負債となるものの2種類がある。それぞれがどれだけあり，差し引きでどれだけの額（正味資産あるいは純資産という）があるかを表すのがバランスシートである。表2.1はバランスシートの概略である。正味資産は資産と負債の差なので，バランスシートの両側は必ず同じ金額になる。

2.2　家計とそのバランスシート

　家計という言葉は，日常では「家計が苦しい」など，単に「お金のやりくり」という意味で使われることが多いが，経済学においては（i）行動の意思決定をともにし，（ii）消費を行う（iii）民間経済主体の単位として扱われる。

　まず，（i）については1人でも，2人以上であっても一緒に行動する場合

表2.2　2020年末における家計部門のバランスシート

資　産		負債・正味資産	
非金融資産	1,138	負　債	360
金融資産	1,935	借　入	344
現金・預金	1,057	その他	16
保険・年金など	535	正味資産	2,713
その他	343		
合　計	3,073	合　計	3,073

（注）　単位は兆円。
（出所）　内閣府「国民経済計算」ストック編より筆者作成。

を指す。例えば，一緒に旅行に行く，大学に行き学費を払うなどである。消費者でもよいではないか，と思われるかもしれないが，親子のように意思決定が同じならまとめた方が便利なこともあり，家計として扱う。複数の経済主体が意思決定をともにするのは企業や政府も同じである。（ii）については，財・サービスを購入して自らのために使う（つまり消費する）ことを表す[1]。（iii）については，政府ではない民間経済主体を指す[2]。自営の個人企業も含まれるため，生産のための資産も保有していることになる。

●家計部門のバランスシート

表2.2は家計部門のバランスシートである。まず左側の資産を見てみると，非金融資産が1,138兆円に対し，金融資産が1,935兆円あり，金融資産が多いことがわかる。金融資産のうち1,057兆円は現金・預金で金融資産の半分以上を占める。さらに，保険・年金などは現金・預金の半分くらいの額である。資産合計は3,073兆円となっている。

次にバランスシートの右側を見てみると，負債が360兆円あり，そのほと

---

[1]　ただし，後に説明する政府も消費を行うので注意が必要である。

[2]　この3つの条件を満たすものとして対家計民間非営利団体も存在するが，規模が大きくないので，本書では無視することとする。

2　経済セクターとバランスシート

表2.3　2020年末における非金融法人企業のバランスシート

資　産		負債・正味資産	
非金融資産	1,277	負　債	1,946
生産資産	949	借　入	528
非生産資産	328	株　式	964
金融資産	1,247	その他	455
現金・預金	321	正味資産	577
株　式	361		
その他	565		
合　計	2,524	合　計	2,524

(注)　単位は兆円。
(出所)　内閣府「国民経済計算」ストック編より筆者作成。

んどが借入であることがわかる。資産と負債の差である正味資産は2,713兆円である。負債と正味資産の合計は3,073兆円で，資産の合計とバランスしている。

2.3　非金融法人企業とそのバランスシート

　経済学で扱う企業とは，生産活動を行う法人のことである。個人経営の企業があったとしても，その経営者である自然人が企業ではなく，経営者が経営している法人を企業と呼ぶ。自営の個人企業についてはすでに述べたように家計に含まれる。狭義の企業は，次に学ぶ金融機関を除くため，非金融法人企業と呼ばれる。

●非金融法人企業のバランスシート
　表2.3は非金融法人企業のバランスシートである。左側の資産を見てみると，非金融資産と金融資産がほぼ同じくらいあることがわかる。非金融資産には固定資産や在庫からなる生産資産（生産された資産の意）と，土地など

天然資源からなる非生産資産（生産されていない資産の意）がある。金融資産には現金・預金や株式など様々なものがある。表の右側の負債を見ると，こちらにも株式があることがわかる。非金融法人企業に限らず，企業は株式を保有し合って複雑な所有構造をなしていることが伺える[3]。

2.4　金融機関とそのバランスシート

資産を余らせている経済主体（黒字主体）から資産を預かって運用し，資産を必要とする経済主体（赤字主体）に資産を貸したり出資したりして運用することを，金融と呼ぶ。要するに，お「金」を「融」通することである。また，金融取引に関する権利や契約を金融商品と呼ぶ。金融機関とは，金融や金融商品の売買を業とする企業のことである[4]。金融機関も企業ではあるが，金融という特殊なサービスを扱っているため，統計上はしばしばそれ以外の企業（非金融企業）と区別して扱われる。

●金融機関の分類

金融機関は図 2.1 のように分類される[5]。中央銀行だけは特別な機関であるので，別の節で詳しく説明する。

まず，金融機関は大きく金融仲介機関と非仲介型金融機関とに分けることができる。金融仲介機関とは，次の 2 つの条件を満たす機関を指す。

1. 自ら金融資産・負債を売買してリスクを引き受ける。
2. 資産の性質を変換する。

条件 1 は，国債や株式だけでなく，資金を貸すときの借用証書も含む金融資産を保有することを表す一方で，負債（雑にいえば「借金」）も保有すると

---

[3]　株式は個別のバランスシートでは純資産に含まれるが，マクロのバランスシートでは負債に含まれる点に注意。

[4]　知るぽるとの定義（https://www.shiruporuto.jp/public/data/magazine/yogo/k/kinyu_kikan.html）も参照されたい。

[5]　この分類は日本銀行「資金循環統計」による（https://www.boj.or.jp/statistics/outline/exp/data/exsj01.pdf）。

2　経済セクターとバランスシート　**19**

図2.1 金融機関の分類

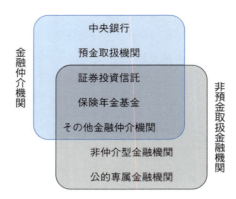

いうことである。例えば，銀行は国債や借用証書を保有するが，預金者から資金を預かることで預金という負債を負う。つまり，預金者にとって預金は資産だが，銀行にとって預金は負債になる。

条件2は，金融機関が持つ（生み出す）金融資産と負債の性質が異なることを意味する。銀行は比較的長期（例えば1年以上）にわたって資金を貸し付ける（借用証書は銀行の資産である）が，預金者から預かった資金（銀行にとっての負債）はすぐに返済を要求される可能性がある。例えば，ATMに入金したにもかかわらず，手元資金が必要だったことを思い出してすぐに引き出すことも可能である。このように，銀行にとって資産と負債の性質が全く違うことがわかる。

図2.1にあるように，金融仲介機関には銀行，信用金庫，信用組合，農協・漁協などの預金取扱機関，多数の投資家から小口の資金を集めて証券市場などで運用する証券投資信託，生命保険・損害保険や年金を運用する機関（企業年金など）からなる保険年金基金，ノンバンク（貸金業者など），公的金融機関，証券会社などからなるその他金融仲介機関がある。これらはすべて，金融資産・負債を保有することで収益を得ている。

他方で，非仲介型金融機関は収益を得るために金融資産・負債を保有せず，資産変換を行わない金融機関である。例えば，証券取引所は証券を売買するシステムの利用手数料で，外為ブローカーは外国為替取引の取引手数料で，

それぞれ手数料収入を得る。

図2.1 にはもう一つ，公的専属金融機関というものがある。専属金融機関とは金融市場を介さない資産や負債を扱う機関のことで，その中でも政府から資金調達するのが公的専属金融機関である。

金融機関はまた別の分類方法がある。図2.1 では預金取扱機関と非預金取扱金融機関とに分かれていることがわかる。前者はすでに説明した。すべての金融機関が預金を取り扱っているわけではないので，非預金取扱金融機関という分類も可能である。この中には，証券投資信託，保険年金基金，その他金融仲介機関，非仲介型金融機関などが含まれる。

なぜ預金の有無で分けることがそれほど重要なのだろうか。預金取扱機関が貸出を行ったり債券を購入したりすると，代金を預金で支払う。例えば，皆さんが銀行でローンを組むと，皆さんの預金口座に資金が振り込まれる。銀行はこの預金を新たな負債として発行している点に注目しよう。つまり，銀行は借りてから借用証書（ローンの債券）をもらう一方で，自分も預金者に借用証書（預金）を発行し，それを交換しているだけなのである。しかも，その預金はお金として機能するので，預金取扱機関はお金を生み出していることになる。これを信用創造と呼ぶ。そんなことができたら，銀行は無制限にお金を貸して預金を生み出してしまうように思える。しかし実際には，貸したお金が返済されないと困るので無限には貸せない。また，金融機関には信用創造を抑制する様々な規制も課されている。これらについては第5章で詳しく説明する。

●金融機関のバランスシート

表2.4 は部門としての金融機関のバランスシートである。資産側では，非金融資産に対して金融資産が極端に大きい。金融資産では貸出や債務証券（要するに借用証書）が多く，経済において資金の供給役であることがわかる。負債側では現金・預金や保険・年金が多い。これは，銀行や保険会社が金融機関の中で重要な位置を占めていることを示唆している。

2 経済セクターとバランスシート **21**

表2.4　2020年末における金融機関のバランスシート

資　産		負債・正味資産	
非金融資産	31	負　債	4,474
金融資産	4,638	現金・預金	674
現金・預金	760	債務証券	317
貸　出	1,581	株　式	106
債務証券	1,247	保険・年金など	536
株　式	208	その他	550
その他	842	正味資産	195
合　計	4,669	合　計	4,669

(注)　単位は兆円。
(出所)　内閣府「国民経済計算」ストック編より筆者作成。

2.5　政府とそのバランスシート

　ここまでは家計，企業，金融機関という主に民間部門の経済主体について学んできた。これらの経済主体とは大きく異なるのが政府である。政府は，自らの利益のためではなく，民間部門のためになる事業を行う機関であり，強制的に財・サービスや労働力を民間部門から取り上げる権力を有する。そうされるのが嫌ならば，政府が認めた何らかの証券を差し出すことで免除してもらうこともできる。これは租税（税）であり，我々は政府による強制を受けたくないので，税を支払うことになる。

　税を支払うための証券であるお金は通貨と呼ばれ，（i）政府が自ら民間部門の財・サービスや労働力を購入したり，通貨を目的を持ってそのまま与えたりして供給する（政府支出または財政支出）か，（ii）中央銀行というお金の発行を独占的に認められた機関に発行させる。前者の場合，政府は一時的に証券を発行して中央銀行に買わせ，中央銀行に預金口座（政府預金）を作る。この政府預金から，民間部門に財・サービスや労働力の代金を通貨で支払う。後者の場合は，中央銀行が民間金融機関にお金を貸すことで通貨の供給が行われる。2つの経路から経済に必要とされる充分な通貨が供給される。

表2.5　2020年末における一般政府のバランスシート

資　産		負債・正味資産	
非金融資産	783	負　債	1,411
生産資産	662	債務証券	1,181
非生産資産	121	その他	230
金融資産	700	正味資産	71
現金・預金	123		
その他	577		
合　計	1,483	合　計	1,483

（注）　単位は兆円。
（出所）　内閣府「国民経済計算」ストック編より筆者作成。

　こうして供給されたお金を民間部門は取り合って税を支払う。お金を得るためには，お金を保有している経済主体と取引する必要がある。そのため，財・サービスの生産が行われ，取引されることになる。つまり，私たちが自由に取引をしていると思っている経済の仕組みは，政府によってデザインされたものなのである。

　こうした強力な権力を保有する政府が，民間部門のためになることをしてくれるのであれば経済システムは円滑に機能する。しかし，政府を動かす人々が自らの私利私欲のために権力を使ってしまったのでは民間部門のためにならない。そのため，政府が目的を持って行う経済行動である政策をどのように設計するかがマクロ経済学の重要なテーマとなる。

●一般政府のバランスシート

　政府には，いわゆる「国」である中央政府だけでなく，市区町村役所などの地方公共団体（あるいは地方政府）も含まれる。また，より広義の政府には，政策的な目的で税とは異なる有償資金を貸し付ける財政投融資を行う財投機関や，本来政府の事業であったものを分離して法人化した独立行政法人などを含むこともある。

　表2.5は，中央政府や地方政府などを合計した一般政府のバランスシート

2　経済セクターとバランスシート　　**23**

である。各部門と比較すると，資産の合計額はさほど大きくはない。一般政府も生産資産を持っており，生産活動を行っていることがわかる。負債側のほとんどを占めるのは債務証券である。さらに，その約 9 割は国債（2020年度末の残高で 947 兆円）である[6]。

2.6 中央銀行とそのバランスシート

　金融機関および政府の経済行動でも少し紹介したように，民間部門の経済主体同士の支払・受取や，民間部門と政府部門との間の支払・受取には中央銀行と呼ばれる機関が関わっている。中央銀行は，（ i ）独占的に銀行券と呼ばれる政府への支払のできる現物の（手に取ることのできる）証券を発行することが認められ，（ ii ）政府の資金である国庫の出納を任せられている機関である。（ i ）は発券銀行，（ ii ）は政府の銀行と呼ばれる中央銀行特有の機能である。日本の中央銀行である日本銀行（日銀）が発行する銀行券，要するに「お札」は日本銀行券（日銀券）と呼ばれる。手元に財布がある方は「日本銀行券」と書かれていることを確認してみよう。500 円玉や 100 円玉などの硬貨（コイン，貨幣）は日本政府が発行しているので，日本銀行ではなく「日本国」と書かれている。また，日銀は政府に対しては政府預金を提供している。政府支出は政府預金から支払われ，国債を発行したときの収入や税収は政府預金に振り込まれる。こうした政府の出納事務は日本銀行が行っている[7]。

　日銀はさらに，（ iii ）金融機関に対してのみ日本銀行当座預金（日銀当預）という預金口座を提供している。金融機関は日銀当預を通じて金融機関同士や政府との資金の受け払いを行う。（ iii ）は銀行の銀行と呼ばれる機能である。

---

[6]　財務省「最近 20 カ年間の各年度末の国債残高の推移」（https://www.mof.go.jp/jgbs/reference/appendix/zandaka01.pdf）より。

[7]　ただし，私たちが納税する際などは日本銀行本支店だけでなく近隣の金融機関を通じて政府に支払うことができる。これは，日本銀行が民間金融機関に代理店として政府の出納業務を委託しているためである。

表2.6　2020年末における日本銀行のバランスシート

資　産		負債・純資産	
国　債	486	負　債	600
貸出金	54	発行銀行券	110
その他	64	預　金	447
		政府預金	13
		その他	30
		純資産	5
合　計	604	合　計	604

（注）　単位は兆円。各項目を四捨五入しているため，合計額は一致しないところがある。
（出所）　日本銀行「第136回事業年度（令和2年度）決算等について」より筆者作成。

●日本銀行のバランスシート

表2.6は日本銀行のバランスシートである。資産のうちほとんどが国債である一方で，貸出も54兆円あることがわかる。負債には預金が多く，銀行券も110兆円発行されている。政府預金は時期によって多寡があるが，12月末時点で13兆円あった。

2.7　経済のすべてのセクター

ここまで紹介してきたセクターを振り返ってみよう[8]。単純化のために，経済は家計，企業，銀行（中央銀行を除く），政府，中央銀行の5つのセクターからなるものと仮定する（海外部門は無視する）。家計の非金融資産をK^h，預金をD^h，借入をL^h，株式をE^h，国債をB^h，正味資産をNW^hとすると，家計のバランスシートは，

$$K^h + D^h + E^h + B^h = L^h + NW^h$$

---

[8]　この節の説明はGodley and Lavoie（2012）を参考にした。

2　経済セクターとバランスシート　**25**

と書ける。左辺は資産，右辺は負債および正味資産である。その他の項目は単純化のため無視した。

企業のバランスシートは，企業の非金融資産を K^f，預金を D^f，借入を L^f，株式を E^f，正味資産を NW^f とすると，

$$K^f + D^f = L^f + E^f + NW^f$$

と書ける。

銀行のバランスシートは，預金を D^b，貸出を L^b，保有国債を B^b，中央銀行当座預金（中央銀行に持っている口座）を H^b，株式を E^b，正味資産を NW^b とすると，

$$L^b + B^b + H^b = D^b + E^b + NW^b$$

と書ける。

政府のバランスシートは，国債を B^g，政府預金を D^g，正味資産を NW^g とすると，

$$D^g = B^g + NW^g$$

と書ける。

最後に，中央銀行のバランスシートは，保有国債を B^{cb}，中央銀行当座預金を H^{cb}，政府預金を D^{cb}，正味資産（純資産）を NW^{cb} とすると，

$$B^{cb} = H^{cb} + D^{cb} + NW^{cb}$$

と書ける。

●バランスシート行列

これらのバランスシートの式をまとめたものが表 2.7 である。各セクターのバランスシートは縦に並んでおり，プラスの項目は資産，マイナスの項目は負債であり，合計の項目に正味資産が示されている。表を横に見ると，項目ごとに全セクターの合計が示されている。注目してほしいのは，各金融資産の全セクターの合計がどれもゼロだということである。つまり，誰かの負

表2.7 バランスシート行列

	家　計	企　業	銀　行	政　府	中央銀行	合　計
非金融資産	$+K^h$	$+K^f$				$+K$
預　金	$+D^h$	$+D^f$	$-D^b$			0
借入・貸出	$-L^h$	$-L^f$	$+L^b$			0
株　式	$+E^h$	$-E^f$	$-E^b$			0
国　債	$+B^h$		$+B^b$	$-B^g$	$+B^{cb}$	0
中央銀行当座預金			$+H^b$		$-H^{cb}$	0
政府預金				$+D^g$	$-D^{cb}$	0
合　計	NW^h	NW^f	NW^b	NW^g	NW^{cb}	K

債は誰かの資産になっているということを意味している。ということは，仮に国債の残高をゼロにしてしまうと，家計や銀行の保有する資産としての国債の残高もゼロになることを意味する。

　表2.7 の一番右の列を縦に合計したものは，国富と呼ばれる。ここでは海外部門を無視しているので，国富は非金融資産の合計 K となる[9]。2020 年末の日本の国富は 3,668 兆円であった[10]。

◆ 練習問題

問 2.1　ストックに含まれるものをすべて選びなさい。

① 給与
② 食費
③ 借金の残高
④ 預金額

---

[9] 海外部門を含む場合には対外金融資産と金融負債の差額（対外純資産）も国富に含まれる。

[10] 内閣府「2020 年度国民経済計算（2015 年基準・2008SNA）」ストック編，Ⅰ．統合勘定より。

問 2.2　バランスシートの項目として誤っているものはどれか。
① 利益
② 純資産
③ 資産
④ 負債

問 2.3　家計の特徴として当てはまるものをすべて選びなさい。
① 個々人の単位
② 消費を行う
③ 民間経済主体
④ 公共投資を行う

問 2.4　家計部門の保有する金融資産のうち最も金額の大きいものはどれか。
① 株式
② 保険・年金
③ 国債
④ 現金・預金

問 2.5　非金融法人企業部門の負債のうち最も金額の大きいものはどれか。
① 株式
② 借入
③ 社債
④ 国債

問 2.6　金融仲介機関に含まれるものをすべて選びなさい。
① 公的専属金融機関
② 中央銀行
③ 預金取扱機関
④ 保険年金基金

問 2.7　一般政府の負債のうち最も金額の大きいものはどれか。
① 現金・預金
② 国債
③ 社債
④ 株式

問 2.8　日本銀行のバランスシートの資産にあるものをすべて選びなさい。

① 　発行銀行券
② 　日本銀行当座預金
③ 　国債
④ 　政府預金

第3章
国内総生産（GDP）

- 3.1 国内総生産とは
- 3.2 国内総生産（支出側）
- 3.3 国内総生産（分配側）
- 3.4 都道府県ごとの GDP
- 3.5 名目 GDP と実質 GDP

　第2章の最初ではフローとストックの概念を学び，章全体ではそのうちストックをセクターごとに見てきた。この章ではフローの代表的な指標である国内総生産について学ぶ。すでに説明したように，フローとは一定期間内の支出や受取を記録したものである。経済には様々な取引があるから，やはりこれもいくつかの分類を行って，グループごとに観察するのが便利である。そのグループは，大きく分けて生産，支出，所得からなる。

　こうしたデータを作っているのが内閣府の「国民経済計算（SNA）」という統計である。「国民経済計算」とは，一国の経済活動全体を国際比較が可能なように一定のルールのもとでまとめた統計である。実は，第2章のセクターごとのバランスシートも「国民経済計算」のストック編だったのであるが，この章ではフロー編を見ることになる。

3.1　国内総生産とは

　国内総生産（Gross Domestic Product, GDP）とは，一定期間内に国内で生産された付加価値の合計である。付加価値とは，財・サービスを生産した金額（産出額）から，生産のために使った材料や部品など（中間等入額）を引いた額のことであり，言い換えれば，新たに生産された財・サービスのことである。

例えば，ある企業が1万円分の製品を生産したとする。その製品の原材料に8千円がかかったとすると，付加価値は2千円となる。こうした付加価値の推計を一国で積み上げたのがGDPとなる。文字数の節約とわかりやすさのために，今後はGDPを，生産物を表す英語のYieldから，Yと表記することもある。

● GDPを学ぶ理由

なぜわざわざこんなややこしい概念をマクロ経済学では学ぶのであろうか。第1の理由は，経済規模を測る指標として重要だからである。経済の規模は市場で取引されている物の価値を合計していけばよさそうに思える。しかし，ある財を買って，又売りすることを続けていくと，財の量は増えていないのにどこまでも取引額は増えていくことになってしまう。したがって，GDPのように付加価値を積み上げる方法をとる指標が必要となってくる。

第2に，経済成長を計測するのに役立つからである。経済の生産規模は時間を通じて拡大していく国が多い（縮小してしまう場合もあるが）。そうした場合，生産規模がどれだけ大きくなったのか知るためには，やはり取引額ではなく付加価値がどれだけ増えたのかを知る必要がある。

第3に，経済政策の評価を行うための指標として使われるからである。政府は様々な政策を行うので，それぞれに目標とする指標がある。しかし，それらの政策全体の総合的な評価を行う場合には，バラバラの指標を見るよりも1つの指標で測ることができたほうがわかりやすい。その際に使われるのがGDPというわけである。

第4に，豊かさの指標の一つとして使われるからである。ある国や地域がどれだけ豊かなのかを知るためには，そこでどれだけの所得が得られたのかを知るのが一つの方法である。GDPは単に付加価値を積み上げた指標というだけでなく，合計の所得額を知るためにも用いられる。

● GDPの計算

GDPの計算で興味深いのは，生産過程を一つ一つたどって付加価値を合計していくと，最終的に生産される財の価格と等しくなる点である。図3.1

図3.1 付加価値の計算

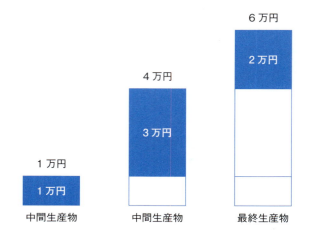

は生産の過程を模式的に書いたものである。生産の最初の段階（図の左側）ではすべての生産物が新たな付加価値として生み出されるが，次の段階（図の中央）では最初の段階の付加価値に新たな付加価値が追加されて生産されている。さらに最後の段階（図の右側）になると，2つの段階の付加価値の上に新たな付加価値が付け加えられている。

付加価値をそれぞれの段階で計算していくと1万円＋3万円＋2万円＝6万円なのに対し，最終生産物の価値は6万円になっており，両者は同額である。実際の生産側のGDPの計算では，まず全体の産出額＝1万円＋4万円＋6万円＝11万円を計算して，中間投入額＝1万円＋4万円＝5万円を引く，つまり，付加価値＝産出額－中間投入額＝11万円－5万円＝6万円として計算している。

●実際のGDP（生産側）

表3.1は第一次産業から第三次産業までの付加価値（産出額－中間投入）を示している。付加価値は第三次産業が最も多い。これらの数字に輸入品に課される税・関税を足し，消費税を引き，統計上の不突合を調整すると国内総生産が得られる。2021年の国内総生産は549.4兆円であった。

表3.1　2021年における経済活動別国内総生産

第一次産業 （農林水産業）	第二次産業 （鉱業，製造業，建設業）	第三次産業 （その他）	輸入品に課される税・関税 －消費税	統計上の不突合	国内総生産
5.2	143.0	399.2	3.4	－1.5	549.4

（注）　単位は兆円。四捨五入のため，合計額は一致しない。
（出所）　内閣府「国民経済計算」

3.2　国内総生産（支出側）

　　国内総生産は文字通り生産面から経済規模を測る指標となるが，一国の経済でどのような支出が行われたのかを表す指標も存在する。この場合，いくつかの要素を見ることが重要となる。

　　1つ目は民間最終消費支出（あるいは単に消費支出）である。消費支出は民間部門で一定期間内に消費のために新規の財・サービスに支出された金額を表している。したがって，中古品は含まれない。他方で，農家による農産物の自家消費や賃金・俸給の現物支給は含まれる。さらに，自己所有住宅に居住する場合に，その家から得るサービスも（実際には家賃を支払っていないにもかかわらず）帰属家賃として消費支出に計上される。消費支出を英語の消費を表す Consumption の頭文字から C と表すことにしよう。

　　2つ目は総資本形成あるいは投資支出である。投資支出には生産のために使われる財である資本財の購入である総固定資本形成が含まれる。例えば，工場やロボット，工作機器の購入などである。また，新たに生産されて在庫となった財である在庫変動も投資支出に含まれる。これらを英語で投資の意味を持つ Investment から I と表す。注意していただきたいのは，金融商品を購入したり資金運用したりする金融投資とは異なる点である。投資支出は生産のための支出のみを表す。

　　3つ目は政府最終消費支出（あるいは単に政府支出）である。政府支出には政府がある期間内に購入した財・サービスが含まれる。これを英語の Government Expenditure から G と表すことにする。

3　国内総生産（GDP）

表3.2 2021年における国内総生産（支出側）

民間最終消費支出	総資本形成	政府最終消費支出	財貨・サービスの純輸出	輸出	（控除）輸入	国内総生産（支出側）
294.0	140.6	117.7	-3.0	100	103	549.4

(注) 単位は兆円。四捨五入のため，合計額は一致しない。
(出所) 内閣府「国民経済計算」

　4つ目は輸出と輸入である。輸出は海外に財・サービスを販売した金額なので GDP を増やす要因であるが，輸入は海外の財・サービスを購入した金額なのでこれまでの項目から引かれなければならない。そこで，輸出から輸入を引いたものを純輸出と定義し，英語の Net Export から *NX* と表記することにしよう。

　支出項目はこれら4つにすべて集約される。したがって，生産された財・サービスは4つの支出項目に分割することができるといってもよい。式で表すと，

$$Y = C + I + G + NX$$

となる。この右辺は支出側の GDP である。

●実際の GDP（支出側）

　表3.2 は GDP を支出側から足し合わせたものである。GDP のおよそ半分は消費支出である。さらに，投資支出と政府支出を合わせたものが残りの約半分を占める。純輸出はあまり大きな額ではない。しかし，純輸出は輸出と輸入の差であるから，それぞれは比較的大きな額でも，差にするとほとんど見えてこないという点に注意されたい。2021年の純輸出は約−3兆円であったが，輸出は 100 兆円，輸入は 103 兆円であった。

表3.3　2021 年における国内総生産（分配側）

雇用者報酬	営業余剰・混合所得	固定資本減耗	生産・輸入品に課される税	（控除）補助金	統計上の不突合	国内総生産
288.6	76.6	138.7	50.5	3.6	−1.5	549.4

（注）　単位は兆円。四捨五入のため，合計額は一致しない。
（出所）　内閣府「国民経済計算」

3.3　国内総生産（分配側）

　財・サービスが購入されるということは，誰かの所得になっているはずである。労働者の所得となったものは雇用者報酬あるいは労働所得と呼ばれる。また，企業や株主の所得となったものは営業余剰・混合所得あるいは資本所得と呼ばれる[1]。営業余剰は法人企業の取り分，混合所得は個人企業の取り分である。建物や機械設備などの固定資産は日々価値が目減りしていくので，この減耗分を評価した固定資本減耗も分配側に含まれる。

　さらに，政府が吸収した金額である生産・輸入品に課される税，あるいは間接税がある。政府は税を課すだけでなく，補助金を与えることもあるので，補助金については政府の吸収分から差し引かねばならない。すべての所得はこれらに分配されるので，これらの和は分配側の GDP である。

●実際の GDP（分配側）

　表3.3 は GDP を分配側から分解したものである。GDP の半分以上は雇用者報酬として分配されていることがわかる。

　以上の議論をすべて合わせると，

$Y = C + I + G + NX$

＝雇用者報酬＋営業余剰・混合所得＋固定資本減耗＋間接税−補助金

---

[1]　営業余剰・混合所得には（総）と（純）があり，（総）は固定資本減耗を含み，（純）は固定資本減耗を含まない。本書では（純）の定義を営業余剰・混合所得とする。

③　国内総生産（GDP）　**35**

となる（統計上の不突合は無視する）。この式は，GDP が生産面，支出面，分配面のどれも等しいことを表している。このことを三面等価の原則という。この 2 つの等号は統計上必ず等しいため，これらの式は恒等式（ある条件のもとで成り立つ式ではなく，いつでも必ず成り立つ式）である。

3.4　都道府県ごとの GDP

　GDP は域内（Domestic）の経済指標であるから，都道府県のような地域にも適用可能であり，内閣府では「県民経済計算」も作成している。都道府県ごとの 1 年間の付加価値の合計は県内総生産として計算される。「県民経済計算」では県内総生産の他にも，県民所得，県民雇用者報酬，総人口なども公表されている。

　GDP だけではなく，なぜ地域ごとに県内総生産を計算するのであろうか。理由は GDP の場合と同様である。まず，地域ごとの経済規模を知るために用いられる。後に見るように，日本国内でも地域によって経済規模は大きく異なる。第 2 に，どの地域がどれだけ経済成長しているのかを知るために使われる。第 3 に，経済規模が小さかったり成長が鈍化していたりする地域に集中的に政策を行うことが可能となる。第 4 に，地域ごとの豊かさの指標として見ることができる。

●実際の県内総生産

　表 3.4 は 2020 年度における県内総生産を高い順に並べたものである。1位の東京都は抜きん出ており，日本全体の 5 分の 1 の付加価値を生み出している。意外に思われるかもしれないが，北海道は 8 位となっており，比較的県内総生産は高い。また，沖縄県は香川県，奈良県，和歌山県よりも高いというのも，データを見てみるまで気づかない点かもしれない。

表 3.4　2020 年度の県内総生産

順位	都道府県	県内総生産（名目，単位：百万円）	順位	都道府県	県内総生産（名目，単位：百万円）
1	東京都	109,601,589	25	熊本県	6,105,086
2	大阪府	39,720,316	26	鹿児島県	5,610,271
3	愛知県	39,659,291	27	愛媛県	4,827,460
4	神奈川県	33,905,464	28	岩手県	4,747,426
5	埼玉県	22,922,645	29	富山県	4,729,874
6	兵庫県	21,735,871	30	長崎県	4,538,708
7	千葉県	20,775,634	31	石川県	4,527,743
8	北海道	19,725,624	32	大分県	4,458,030
9	福岡県	18,886,929	33	青森県	4,456,607
10	静岡県	17,105,232	34	山形県	4,284,158
11	茨城県	13,771,281	35	沖縄県	4,260,875
12	広島県	11,555,366	36	香川県	3,734,443
13	京都府	10,167,991	37	奈良県	3,685,868
14	宮城県	9,485,225	38	和歌山県	3,625,091
15	栃木県	8,946,482	39	宮崎県	3,602,456
16	新潟県	8,857,506	40	福井県	3,571,069
17	群馬県	8,653,495	41	山梨県	3,552,685
18	三重県	8,273,134	42	秋田県	3,530,452
19	長野県	8,214,074	43	徳島県	3,185,168
20	福島県	7,828,577	44	佐賀県	3,045,909
21	岐阜県	7,662,998	45	島根県	2,575,687
22	岡山県	7,606,440	46	高知県	2,354,276
23	滋賀県	6,739,736	47	鳥取県	1,819,938
24	山口県	6,148,146		全県計	558,778,326

（出所）　内閣府「県民経済計算」

3.5　名目 GDP と実質 GDP

　生産活動は金額が重要であることもあるが，どれだけの量を生産したかが重要となることもある。というのも，同じ量の生産を行ったとしても，価格

3　国内総生産（GDP）　**37**

表3.5 実質 GDP の計算例

期	財 A		財 B		名目GDP	GDPデフレーター (固定基準年方式)	実質 GDP (固定基準年方式)	GDPデフレーター (連鎖方式)	実質GDP (連鎖方式)
	価格	数量	価格	数量					
0	55	3	65	4	425	1.00	425	1.00	425
1	50	5	60	4	490	0.92	535	0.92	535
2	60	4	70	5	590	1.18	500	1.08	546

が上昇することによって生産した金額が増えることがあるからである。そうすると，見かけ上は生産「額」が増えて，生産が増えたことになってしまう。

　そこで，価格の変化分をそのままにした見かけ上の経済指標を名目，価格の変化をどこか一時点で固定して数量のみ変化するようにした経済指標を実質と呼ぶことにする。価格が毎期変化する GDP は名目 GDP，価格の変化を固定した GDP を実質 GDP と呼ぶ。

　実質 GDP には，基準年を１つの期に固定して実質化する固定基準年方式と，基準をずらしながら実質化する連鎖方式がある。例をもとに実際に計算してみよう。表 3.5 は財 A，B の２財からなる３期間の経済を表している。名目 GDP の計算は，価格かける数量の和として得られる。例えば０期であれば，

$$55×3+65×4=425$$

として計算する。

●固定基準年方式の実質 GDP

　次に，固定基準年方式の実質 GDP を計算する。２財の場合の計算式は，

実質 GDP＝財 A の基準年の価格×財 A の数量
　　　　　＋財 B の基準年の価格×財 B の数量

である。それぞれの価格に「基準年の」と書かれている点に注意されたい。つまり，価格は基準年で固定しておく。表 3.5 の数値に従うと，０〜２期につ

いては，

$$0\text{ 期の実質 GDP}=55\times3+65\times4=425$$
$$1\text{ 期の実質 GDP}=55\times5+65\times4=535$$
$$2\text{ 期の実質 GDP}=55\times4+65\times5=500$$

となる。価格が基準年で固定されている点を確認しておこう。

　名目 GDP を固定基準年方式の実質 GDP で割ると，固定基準年方式の GDP デフレーターが得られる（GDP デフレーターについては，6.1 節で改めて説明する）。

GDP デフレーター

$$=\frac{\text{財 A の価格×財 A の数量＋財 B の価格×財 B の数量}}{\text{財 A の基準年の価格×財 A の数量＋財 B の基準年の価格×財 B の数量}}$$

したがって，はじめに名目 GDP と GDP デフレーターを計算しておいて，

$$\text{実質 GDP}=\frac{\text{名目 GDP}}{\text{GDP デフレーター}}$$

と計算することでも固定基準年方式の実質 GDP が得られる。

　固定基準年方式はシンプルで計算しやすいが，基準年を固定しているために基準年から離れてくると様々な財・サービス間の価格の差が拡大していくため，価格をウェイトとする数量の指数としては不適切になりうる。例えば，価格が次第に低下していく財の需要は高まるが，基準年の価格のままだと相対的に価格を高く評価してしまうため，需要がより大きく反映されてしまう。特に，製品開発のスピードが高まってくると，価格の変化も大きくなることから，現代社会においては基準年を固定する弊害が生じやすい。

●連鎖方式の実質 GDP

　そこで最後に，連鎖方式の実質 GDP を紹介する。この方法ではまず連鎖方式の GDP デフレーターを計算する。基準年の GDP デフレーターを 1 として，連鎖方式の GDP デフレーターは，

3　国内総生産（GDP）　**39**

> GDP デフレーター
>
> ＝前の期の GDP デフレーター
>
> $\times \dfrac{\text{財 A の価格×財 A の数量＋財 B の価格×財 B の数量}}{\text{財 A の前の期の価格×財 A の数量＋財 B の前の期の価格×財 B の数量}}$

となる。式が複雑なので表 3.5 の例で実際に計算してみると，

> 0 期の GDP デフレーター＝ 1
>
> 1 期の GDP デフレーター＝ $1 \times \dfrac{50 \times 5 + 60 \times 4}{55 \times 5 + 65 \times 4} = 0.92$
>
> 2 期の GDP デフレーター＝ $0.92 \times \dfrac{60 \times 4 + 70 \times 5}{50 \times 4 + 60 \times 5} = 1.08$

となる。0 期と 1 期は固定基準年方式と同じだが，2 期目に差が生じてくる。こうして得られた連鎖方式の GDP デフレーターで名目 GDP を割ると，表 3.5 にある連鎖方式の実質 GDP が得られる。

　連鎖方式では毎期，前年の価格情報を用いるため，基準が更新され続ける形となっている。そのため，財・サービス間の価格に変化が生じても固定基準年方式のような弊害は生じにくい。ただし，消費支出や投資支出などの需要項目について同様の実質化を行った場合，合計額が実質 GDP と同額にならないという問題が生じる。こうした問題を抱えつつも，現在では GDP の実質化に連鎖方式が採用されている。

●実際の実質 GDP（連鎖方式）

　図 3.2 は 1994 年以降の名目 GDP と 2015 年を価格の基準とした連鎖方式の実質 GDP とを表している。名目 GDP は 500 兆円を超えるくらいのところを上下しているのに対し，実質 GDP は期間を通じてなだらかに上昇している。したがって，1994 年以降の日本の生産活動は，見かけ上は停滞しているように見えるが，生産量から見ればゆっくりと成長していたことがわかる。

図3.2 名目GDPと実質GDP

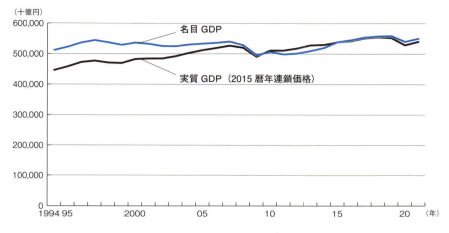

(出所) 内閣府「国民経済計算」

◆ 練習問題

問 3.1 GDP とは何か。
① 一定期間内に国内で販売された売上高の合計
② 一定期間内に国内で消費された財・サービスの合計
③ 一定期間内に国内で稼得された賃金の合計
④ 一定期間内に国内で生産された付加価値の合計

問 3.2 GDP の説明として誤っているものはどれか。
① 経済規模を測るために使われる。
② 経済成長を測ることができる。
③ 市場以外の取引規模がわかる。
④ 豊かさの指標の一つとして使われる。

問 3.3 中間生産物が 300 兆円，最終生産物が 500 兆円である場合，付加価値はいくらか。
① 200 兆円
② 300 兆円
③ 500 兆円

④ 800 兆円

問 3.4　GDP の支出側に含まれるものをすべて選びなさい。
① 民間最終消費支出
② 雇用者報酬
③ 営業余剰
④ 総資本形成

問 3.5　三面等価の原則とは何か。
① GDP の生産側，支出側，分配側が等しくなるということ。
② GDP の消費支出，投資支出，政府支出が等しくなるということ。
③ GDP の第一次産業，第二次産業，第三次産業が等しくなるということ。
④ GDP の雇用者報酬，営業余剰・混合所得，固定資本減耗が等しくなるということ。

問 3.6　実質 GDP とは何か。
① 数量の変化を固定した GDP。
② 消費の変化を固定した GDP。
③ 価格の変化を固定した GDP。
④ 為替レートの変化を固定した GDP。

第4章

政府と中央銀行

- ■ 4.1 政府と中央銀行の役割
- ■ 4.2 「統合政府」という考え方
- ■ 4.3 政府が税を課す理由

　我々はすでに第2章で一般政府（以下では政府あるいは政府部門と呼ぶ）と中央銀行を経済セクターとして学んだ。政府は民間のためになる事業，特に財政支出を行う。中央銀行は発券銀行，政府の銀行，銀行の銀行としての役割を担う機関である。この2つの部門は役割だけを見れば独立した行動をするように見える。確かに，中央銀行は政府の銀行としての役割があるが，単に政府が中央銀行に口座を持っているだけかもしれない。しかしながら，この章では，政府と中央銀行が密接に関わり合いながら行動することを見ていく。政府が行動する際には中央銀行が必要であり，政府の行動に合わせるようにして中央銀行も行動する。さらに，この章の後半ではこの2つの部門を合わせるとどうなるのかを考察する。最後に，税の役割について説明する。

4.1　政府と中央銀行の役割

　第3章では政府部門を財・サービスの購入，すなわち財政支出の面から見てきたが，ここでは資金との関係，および中央銀行との関わりについて見てみよう。政府は，財やサービスを購入して資金を民間部門に供給し，税などを課すことによってそれを吸収する。この場合の資金は通貨と呼ばれ，政府に対する支払い（税，年金保険料や健康保険料などの社会保険料，罰金など）に利用できる資産である[1]。バランスシートで考えれば，民間部門にとって通貨は資産，政府にとって通貨は負債となる。通常，通貨は後に述べるように

43

図4.1 政府による通貨の供給・吸収

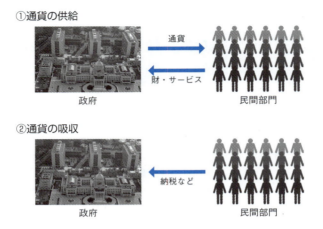

中央銀行制度を用いて供給される。

● 政府支出と税

　政府の役割において，供給が先で吸収が後に書かれているのには理由がある。一般的に，政府は税を徴収して，その税を使って支出すると考えられがちであるが，実は現実はその逆である。というのも，民間部門ではまず通貨がなければ税を支払うことができないからである。そのため，図4.1にあるように，まず政府は民間部門から財やサービスを購入して通貨を供給する。購入するのは製品だけでなくてもよく，例えば，公務員に労働の対価として

---

[1] 英語の"currency"という言葉は「通貨」と訳されるが，日本語の「通貨」という言葉とは必ずしも対応していない。"currency"は，後に説明する貨幣と中央銀行券のように物理的に存在するものを指すのに対し，日本語では民間金融機関の預金のように物理的には存在せずに用いられるものも「預金通貨」と呼ぶ。実際，「預金通貨」という指標の英訳として日本銀行は"deposit money"を用いており，日本語と英語の違いが明らかである。他方で，財務省の「通貨（貨幣・紙幣）」というウェブページ（https://www.mof.go.jp/policy/currency/）では貨幣と紙幣（日本銀行券）のみを扱っており，預金通貨を扱っていない。つまり，英語の"currency"と同様の定義となっている（URLもcurrencyである！）。ただし，近年では中央銀行デジタル通貨（Central Bank Digital Currency, CBDC）という中央銀行の発行する物理的に存在しない「通貨」も研究が進んでおり，英語の"currency"も曖昧な言葉になりつつある。

図4.2　中央銀行による通貨の供給・吸収

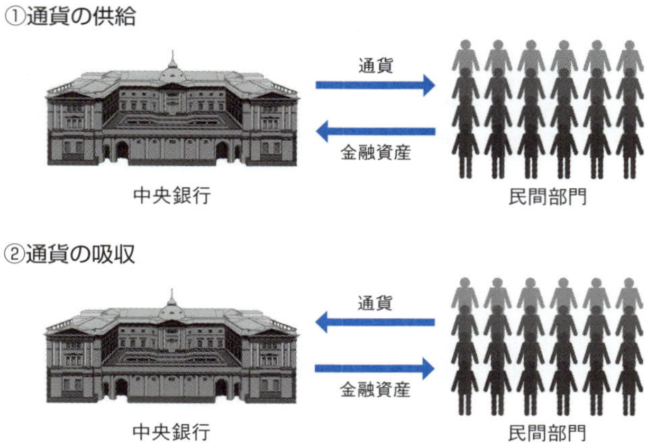

①通貨の供給

通貨

金融資産

中央銀行　　　　　　　　　　　　　　　民間部門

②通貨の吸収

通貨

金融資産

中央銀行　　　　　　　　　　　　　　　民間部門

給与を支払うというのでもよい。そして，民間部門は供給された通貨から税を支払うという順番である。

●中央銀行の「オペ」

　一方，中央銀行は金融資産を買い入れたり金融機関に貸し付けたりするなどして通貨を民間部門に供給し，金融資産を売るなどして通貨を民間部門から吸収する（図4.2）。前者は資金供給のためのオペレーション（資金供給オペ），後者は資金吸収のためのオペレーション（資金吸収オペ）と呼ばれる[2]。売買される金融資産は複数あるが，主に様々な種類の国債が用いられる[3]。

●政府と中央銀行の違い

　表4.1にあるように，政府と中央銀行による民間部門への通貨の供給・吸収の仕方には複数の手段がある。注意していただきたいのは，政府にしても

---

[2]　通常のマクロ経済学の教科書では「買いオペ」「売りオペ」と表現される。しかし，中央銀行の行うオペレーションでは，民間金融機関へ貸出を行ったり，売りと買い・買いと売りを同時に契約する取引（現先と呼ばれる）なども行ったりするため，適切な表現とは言えない。

[3]　国庫短期証券と呼ばれる短期で返済される国債を含む。

4　政府と中央銀行　　**45**

表4.1　政府と中央銀行による通貨の供給・吸収の例

	通貨の供給	通貨の吸収
政　府	財・サービスの購入	税
	年金	社会保険料
	生活保護	罰金
	国債の利払い・償還	国債の発行
中央銀行	金融資産の購入	金融資産の売却
	金融機関への貸付	

中央銀行にしても通貨を供給・吸収すること自体が目的ではないということである。政府は国民のより良い生活を実現することが目的であり，中央銀行は金融システムの安定化が目的である。それらを実現する際に，こうした資金の出入りが生じるわけである。

●政府支出とバランスシート

　次に，政府が政府支出を行う際に，中央銀行がどのように関わってくるのかをバランスシートを使って見てみよう。図4.3は政府が民間部門から自動車を購入する例である。まず，民間部門が自動車を保有しているところから始める（パネル(a)）。

　次に，政府は自動車を購入するための資金として，中央銀行に政府預金を用意する（パネル(b)）。政府預金は中央銀行に国債（実際には短期で返済される国債）を発行することによって，中央銀行に口座を持つ。日本をはじめ多くの国では中央銀行が直接国債を引き受けることを禁じているが，短期で返済される国債に関してはその限りではない。また，仮に政府が民間部門に対して国債を発行したとしても，それによって民間部門が資金不足に陥るため，資金を供給するために中央銀行が民間部門から国債を買い取ることもある。この場合，結局は中央銀行が直接国債を買い入れたのと同じことになる。

　最後に，政府は民間部門から自動車を購入し，中央銀行経由で支払いを行う（パネル(c)）。中央銀行の口座では，政府預金から民間部門が保有する中央銀行当座預金（中銀当預）に振替が行われる。

図4.3 政府支出と中央銀行の役割

(a) 民間部門が自動車を保有

(b) 政府が政府預金を用意

(c) 政府が自動車を購入

●中央銀行当座預金の使いみち

　ここで一旦取引が終わる場合には，民間部門に中央銀行当座預金が残ることになる。中央銀行当座預金にはいくつかの使いみちがある。第1に，政府

4 政府と中央銀行　**47**

図4.4 政府支出と中央銀行の役割

に対する支払いに利用できる。表4.1の政府による「通貨の吸収」にある税の支払いなどは、中央銀行当座預金を通じて行われる。

第2に、民間部門の間での取引の受け払いに利用される。例えば、A銀行からB銀行に支払いが行われる場合には、現金を運ぶのではなく、中央銀行当座預金を通じて支払われる。

第3に、民間金融機関の運用手段として用いられる。中央銀行当座預金には僅かではあるが金利が付されており、余剰資金を運用できる。

第4に、民間金融機関の預金の引き出しに備えた準備金として保有される。民間金融機関に預けられた現金は金庫の中に眠っているのではなく、すぐに中央銀行に預けられる。また、預金者が現金を引き出す際には、民間金融機関は中央銀行当座預金から現金を引き出して預金者の引き出しのために用意する。

しかし、民間部門が利子率の極めて低い中央銀行当座預金を余分に保有していると、別の運用を行いたいと民間部門では考えるようになるだろう。そこで中央銀行は運用手段として役に立つ国債を民間部門に売り、中央銀行当座預金を吸収する（図4.4）。こうして見ると、国債は民間部門が資金余剰に陥ったときにそれを吸収するための道具と考えることができる。

● 課税とバランスシート

さて、話を図4.3のパネル(c)に戻して、この後に政府が課税する場合は

図4.5 納税と中央銀行の役割

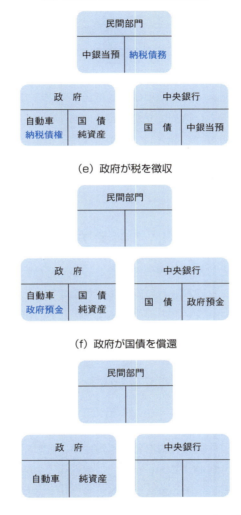

どうであろうか。まず，政府は民間部門に対して納税債務を課す（図4.5のパネル(d)）。民間部門は中銀当預を保有しているので，それで支払いができる。支払いを行うと中央銀行の中銀当預は政府預金に振り替えられる（パネ

4 政府と中央銀行　49

ル(e))。政府は政府預金をそのまま保有していてもよいが，先に国債を発行
しているのでそれを償還することができる（パネル(f)）。こうして中央銀行
を介して納税は行われる。

パネル(f)からわかるように，政府が国債に相当する全額を税として民間
部門に課してしまうと，民間部門の純資産は奪われて政府に移ってしまう。
つまり，財政支出を同額の課税とともに行うと，民間部門の純資産を政府に
移転することになる。また，政府が自動車を1年以内に乗りつぶしてしまっ
て廃車にしてしまうと，政府にすら純資産は残らない。そのため，政府がす
ぐに消費する財を民間から購入して同額を課税する場合は，民間から純資産
を消し去ることにもなる。

4.2 「統合政府」という考え方

政府と中央銀行とは別の経済部門ではあるが，合わせて考えたほうが良い
場合がある。第1に，政策を行う部門を1つにすることができるので，政策
の経済効果を簡単に考えることができるようになる。例えば，財政政策と金
融政策を同時に実行するという場合には，実際には政府と中央銀行とが別々
に行動しているのであるが，2つの政策に相乗効果を考慮して実行すること
になるだろう。したがって，政策のパッケージとしては1つとして見たほう
が良い場合がある。

第2に，現実問題として，政府と中央銀行とは独立していない。政府が財
政支出をした場合，中央銀行にある政府預金から民間部門が保有する中央銀
行当座預金に資金が移動する。しかし，中央銀行はその変化をそのままにし
ておくことはできない。中央銀行は金融市場の利子率をコントロールしよう
とするので，それに影響する中央銀行当座預金の量を一定にしなければなら
ないからである。

例えば，図4.3では最後に中央銀行当座預金が増えて終わっているが，こ
のことによって経済への資金が過剰に供給されてしまったとすると，金融シ
ステムが不安定になってしまうかもしれない。そこで中央銀行は保有する国

債を民間部門に対して売却し，民間部門の資金量を元に戻そうとする。逆の場合もあり，政府が税を課すと中央銀行当座預金が減少するため，民間部門は資金不足に陥る。これを元に戻すために，中央銀行は民間部門に貸出を行ったり，民間部門の保有する国債を買い入れたりしなければならない。つまり，中央銀行は政府が資金の供給・吸収を伴う行動をするたびに，それとは逆の行動を取らねばならなくなるわけである。

●統合政府のバランスシート

　以上のような理由から政府と中央銀行とを合わせて統合政府という1つの部門としてそれらの行動を考えることにしよう。図4.6は統合政府が民間部門から自動車を購入し，税を課す例をバランスシートで表現したものである。パネル(a′)は図4.3のパネル(a)と同様で，民間部門が自動車を保有しているところからスタートしている。パネル(b′)は統合政府が自動車を購入し，その対価として中央銀行当座預金を支払っている。ここで国債が出てこない理由は，政府の負債としての国債と中央銀行の資産としての国債が，統合政府のバランスシート上では相殺されて消えてしまっているからである。最後に，パネル(c′)では（納税債務を課すところは省略しているが）課税が行われて，中央銀行当座預金が消えている。

　この例で大変興味深いのは，パネル(c′)である。図4.3では税収は政府預金となっており，あたかも政府にとって税が財源のように見えていたが，図4.6では財源のようなものはなく，民間部門が収めた税は統合政府のバランスシート上では消えてなくなってしまっている。つまり，統合政府にとって税とは財源ではなく，資金の吸収にほかならないのである。よく言われるような「税金で作った道路」などという表現は誤りであり，実際には税金としての通貨は納税された時点で消えてなくなっている。

　このことに納得がいかない読者は，ある企業が手形と呼ばれる借用証書を発行して支払いを行った場合を想像するとよい。手形はバランスシート上の負債になる。手形の保有者がその企業から仕入れをして支払いを手形で行った，つまり手形を返してくれたとしよう。このとき，企業にとって手形は財源ではなく，ただの紙切れである。同様に，統合政府にとって中央銀行当座

図4.6　統合政府による財政支出と課税

(a´) 民間部門が自動車を保有

(b´) 統合政府が自動車を購入し中銀当預を供給

(c´) 統合政府が課税し中銀当預を吸収

預金（またはそこから引き出すことのできるコインや紙幣）は負債であって，納税によって中央銀行当座預金が手元に戻ってきたらプラスマイナスゼロになり，パッと消えてしまうわけである。

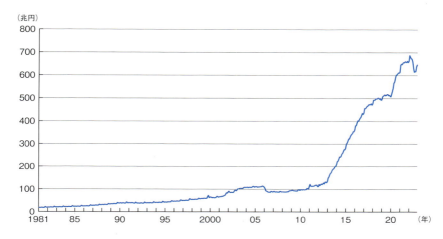

図4.7 日本のマネタリーベース（平均残高）

（出所）日本銀行「時系列統計データ検索サイト」

● マネタリーベース

　統合政府が発行する通貨はマネタリーベース（あるいはハイパワードマネー，ベースマネー）と呼ばれる[4]。マネタリーベースは，政府が民間部門に発行するコインである貨幣の流通高，中央銀行が発行する紙幣である中央銀行券の発行高，中央銀行が民間金融機関に供給する預金である中央銀行当座預金の3つからなる。式で表すと，

> マネタリーベース＝貨幣流通高＋中央銀行券発行高
> 　　　　　　　　＋中央銀行当座預金

となる。図4.7は1981年4月以降の日本のマネタリーベースを表している[5]。

---

[4] 日本語では「中央銀行通貨」とも訳されることがあるが，日本のマネタリーベースは政府の発行する貨幣も含むため，これは誤解を招く。もちろん，貨幣は日本銀行当座預金から引き出されて初めて流通するのだから，日本銀行が民間部門に「供給」したものである。しかし，バランスシート上では流通貨幣は日本銀行の負債とはなっていない。IMF金融統計マニュアルの「中央銀行および政府の通貨性負債」という解釈もマネタリーベースの定義に近いが，中央銀行の保有する政府発行貨幣は資産として計上されており，民間部門に流通する貨幣のみをカウントするのであれば統合政府の発行する通貨と解釈するほうが自然である。

4　政府と中央銀行　　53

マネタリーベースは1981年には19兆円程度であったのが，20年以上かけて，2003年に100兆円に達した。その後やや減った時期もあるが，安定して増加し続け，2013年以降は急膨張していることがわかる。これは，日本銀行がマネタリーベースを一気に増加させる政策を実行したからである。2022年4月にはマネタリーベースは687兆円に達した。通常，中央銀行は利子率をコントロールする政策を採るが，このようにマネタリーベースをコントロールする場合もある。詳細は第11章で説明する。

4.3　政府が税を課す理由

　前節では，税収は財源のように見えていたが，民間部門が収めた税は統合政府のバランスシート上ではなくなると述べた。それではなぜ政府の財源とならないような税を民間部門に課す必要があるのだろうか。1つ目の理由は，税が人々の行動を変える働きがあるからである。例えば，タバコや酒類に課される税はそれらへの依存症を予防したり，健康を害さないように消費を抑制したりする効果がある。また，直接的な税ではないが，地方自治体が販売している有料の回収用ゴミ袋も，ゴミの減量に役立つ。つまり，好ましくないと考えられる行動を人々に取らせないようにするには，そうしたときにお金（税）がかかるようにすればよいということである。

　2つ目の理由は，貧富の差を縮小するためである。所得に課される税は一般に所得が多いほど高い税率が課されるようになっている。こうした税を累進所得税という。努力した人や能力の高い人ほど所得は高くなる傾向にあるが，そうしたことでは説明がつかないほどに高額の所得を得る人々が存在する。あるいは逆に，努力しているにもかかわらず（場合によっては専門的な技術を持っているにもかかわらず）所得が少ない人々も存在する。所得の極めて高い人々は社会で強い発言力を持つ傾向にあり，不平等を発生させる原

5　日本銀行の公表しているマネタリーベースの時系列データは1970年1月から存在するが，1981年3月までのデータは日本銀行当座預金ではなく預金を扱う民間金融機関が預金の一定割合を日本銀行に預ける準備預金額となっており，連続性がない。

54

因にもなりうる。こうした危険性を回避するために，所得が高い人ほど税率は高く，所得が低い人ほど税率は低くなるような制度を持つ国がほとんどである。

　3つ目の理由は，景気をなだらかにするためである。先述のように累進所得税は所得が高いほど高い税率が課される。すると，景気が良いときには所得が高まる傾向があるから高い税率を課される人々が増えることになる。すると，消費に回すことのできる所得の伸びは緩やかになり，人々は消費をたくさんしようとはしなくなる。逆に，景気が悪くなると所得が低くなってしまう人々が増えるため課される税率は低くなり，消費がそれほど冷え込まなくなる。このように，景気の良いときには所得が増えすぎないように，景気の悪いときには所得が減りすぎないように自動的にコントロールする働きが税にはある。こうした機能（制度）を第1章でも説明したようにビルトイン・スタビライザーという。

　4つ目の理由は，貨幣を流通させるためである。税は通貨によって支払うことを要求され，その他の物で納税することは通常ほとんど認められていない。ということは，納税しなければならない民間部門では納税のための通貨を必要とするようになる。すると，ただの紙切れである紙幣や，金属的な価値以上の額面の書かれたコインを人々は需要するようになる。そのため，政府は財政支出を行う際に通貨と財・サービスを交換することで支払いを行うことができるのである。

◆ 練習問題
問 4.1　通貨とは何か。
① 政府への支払いに利用できる資産。
② 決済に利用できる銀行の預金。
③ 国債や社債などの金融資産。
④ 取引所で取引される株式。

問 4.2　中央銀行が金融資産を買い入れるオペレーションは何と呼ばれるか。
① 資金需要のためのオペレーション

4　政府と中央銀行　**55**

② 資金供給のためのオペレーション
③ 資金吸収のためのオペレーション
④ 資金代替のためのオペレーション

問 4.3　統合政府とは何か。
① 政府と企業を合わせたもの。
② 2つ以上の国の政府を合わせたもの。
③ 中央政府と地方自治体を合わせたもの。
④ 政府と中央銀行を合わせたもの。

問 4.4　統合政府を考えた場合にバランスシートから相殺されるものは何か。
① 中央銀行当座預金
② 民間部門の純資産
③ 政府部門の純資産
④ 政府預金

問 4.5　中央銀行当座預金の使われ方として誤っているものはどれか。
① 政府に対する支払いに利用される。
② 民間非金融企業の運用に利用される。
③ 民間金融機関の間の決済に利用される。
④ 民間金融機関の預金の引き出しに対する準備とされる。

問 4.6　マネタリーベースに含まれるものをすべて選びなさい。
① 民間銀行預金残高
② 中央銀行当座預金
③ 貨幣流通高
④ 中央銀行券発行高

問 4.7　政府が税を課す理由として誤っているものはどれか。
① 貧富の差を縮小するため。
② 景気をなだらかにするため。
③ 政府支出の財源を得るため。
④ 民間部門に悪い行動を取らせないようにするため。

第 5 章

銀行業とマネー

- 5.1 銀行の役割
- 5.2 マネーストック
- 5.3 マネタリーベースとマネーストックとの関係
- 5.4 なぜマネーは受容されるのか
- 5.5 なぜ預金はマネーとなりうるのか

「経済学はお金の学問」とイメージされる方も多いと思われるが，実際には財・サービスの配分に関する学問であって，「お金」はどちらかというと脇役である。とはいえ，その役割が小さいというわけではなくて，非常に重要な役割を果たしている。この章では，いわゆる「お金」と認識されているマネーについて学んでいく。

5.1 銀行の役割

マネーについて正面から学ぶ前に，銀行がマネーに対して果たす役割について紹介しよう。この節では，預金取扱金融機関（銀行，信用金庫，信用組合，農業協同組合など）をまとめて「銀行」と呼ぶことにする。銀行は貸出等の運用を行い，預金口座を提供する機関である。この順番に注意していただきたいのだが，預金を集めてそれを貸出に回しているというわけではない。銀行が貸出を行う際には，元手となる預金は必要がない。このことをバランスシートを用いて説明しよう。

図 5.1 は銀行が貸出を行う際のバランスシートの変化を表している。まず，最初の時点（左のバランスシート）では資産も負債も何もないと仮定しよう。ここに何かが事前に存在しても結果は変わらない。この状態から貸出を行うと，銀行は現金を金庫からヨイショと出してくるわけではない。貸出と同額の預金を借り手の口座に振り込むのである。これで貸出は完了する。

57

図5.1 銀行が貸出を行う際のバランスシートの変化

　もちろん，借り手はこの預金をそのままにしておくわけではなく，目的に応じて引き出したり他の銀行口座に振り込んだりするであろうから，その際には銀行は金融市場や中央銀行から中央銀行当座預金を借り，現金を用意したり他の銀行口座に振り込んだりすることになる。いずれにしても，貸し出した時点では元手は必要ないのである。このように，銀行が貸出を通して預金を生み出すことを信用創造という。

● なぜ信用創造が無限に行われないのか

　信用創造には元手が必要ないのであれば，銀行は無限に貸出を行ってしまうのではないかと思われる。しかし，そうはならない理由がいくつか存在する。第1に，銀行は預金額に応じて中央銀行に準備預金を用意しなければならない。これは準備預金制度と呼ばれる。例えば，普通預金に対して約1％というような低い比率（これを準備率という）であっても，預金が増えてくれば準備預金を調達するコスト（準備預金となる中央銀行当座預金を金融市場や中央銀行から借り入れる利子率）がかさむことになる[1]。ただし，通常は貸し出す際の利子率に対して中央銀行当座預金を調達する利子率は低いので，よほど資金調達に困って高い利子率を突きつけられるのでなければ長期的には問題にはならない。

　第2に，銀行は利益を得るために貸出を行っているので，返済の可能性のある経済主体にしか貸すことができない。銀行が利益を得るのは，貸出で得た利子が準備預金などで発生したコストを上回るからであり，返済されることが利益の条件になっている。したがって，きちんと審査をして返済できる

---

[1] 準備率については日銀のウェブページ（https://www.boj.or.jp/statistics/boj/other/reservereq/junbi.htm）を参照。

経済主体のみに貸し付けることになる。このことを借りる側から考えれば，借りたいと思う経済主体がいなければ貸すことはできないと考えることもできる。

第3に，銀行にはバランスシート規制という制約が課されている。バランスシート規制の典型的なものは，純資産の一部である自己資本が十分になければならないとする自己資本比率規制である。銀行が貸出を行うと預金という負債が増えるため，相対的に純資産の比率が低下する。自己資本は純資産の一部であるから，預金の増加は同時に自己資本の比率も低下させる。一定以上の自己資本比率を銀行が要求されていると，その比率までしか貸出を行えないことになる。そのため，無限には貸出を行えない。

5.2 マネーストック

第4章では統合政府の民間部門に対する負債であるマネタリーベースを学んだ。しかし，マネタリーベースは民間部門で流通する通貨というわけではない。貨幣や中央銀行券は民間部門でも使われ流通しているのに対し，中央銀行当座預金は中央銀行でのみ支払いに利用できるものであり，民間部門に流通していないからである。

そこで，民間部門で流通しているマネーをここで定義しよう。マネーとは，第1に取引の決済に利用でき，誰もが取引の際に受け取ってくれるものである。これを交換手段機能という。

第2に，取引単位として利用されるものである。例えば，日本ではどのような財・サービスについても「円」という単位で表示される。このような機能を，価値尺度機能という。

第3に，価値を保存することが可能なものである。マネーとして資産を保有していれば，安定的に価値を保持することができる。これを，価値貯蔵機能という。

第4に，誰かの負債として存在する「情報」である。貨幣や中央銀行券というモノがマネーなのではなくて，それが持つ情報がマネーなのである。例

えば，スポーツの試合で得点が電光掲示板に表示されるが，得点はモノとして存在しているわけではなく，単なる情報である。それと同じで，千円札に表示された情報がマネーなのであって，千円札の紙切れがマネーなのではない。また，道端に落ちている葉っぱはマネーにはならない。というのも，それは誰かの負債ではないからである。我々が利用しているマネーは我々にとっては資産であるが，中央銀行の負債として存在している。金融資産は必ず誰かの負債なのである。これら4つの条件を満たすものをマネーと定義しよう。

● 統計上のマネー

それでは具体的にマネーとは何を指すのであろうか。貨幣や中央銀行券である現金通貨はマネーの一部であることはすぐにわかる。それ以外にも，民間銀行の供給する預金もマネーとして利用できる。例えば，我々がATMから預金口座を通じて支払いをすることができるのは，預金がマネーとして機能しているからである。したがって，預金は経済全体では預金通貨と呼ばれる[2]。このように，市中に流通するマネーの総量をマネーストックという。マネーストックの一つの指標は，現金通貨と預金通貨との和である。これをM1という。

M1＝現金通貨＋預金通貨

この2つの要素以外にもマネーとみなすことのできるものがある。例えば，定期性預金などの準通貨は，一定期間支払いに利用できなくなるものの解約は容易であるため，長い目で見ればマネーとみなしてもよいだろう。金融商品の中には，定期預金であるにもかかわらず他人に売ることができるものも存在する。こうした預金を譲渡性預金（CD）と呼ぶ。この2つの要素をM1に追加した指標がM3である。

M3＝M1＋準通貨＋CD

[2] 正確にいうと，預金通貨は当座預金，普通預金など，すぐに引き出すことのできる要求払預金から，銀行が保有する小切手・手形を引いた額である。

図5.2 マネーストック

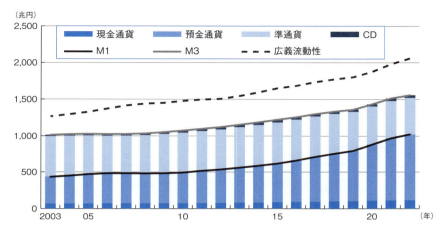

(出所) 日本銀行「マネーストック統計」

なぜM1からM3に数字が飛ぶのかといえば，過去の統計（マネーサプライという）では郵便貯金等がマネーに含まれておらず，その過去の統計を引き継ぐ指標としてM2が定義されているためである。よって，M2はM3と同様の要素からなるが，対象となる金融機関が限定されている。その他に比較的容易に支払いに利用できる資産として国債や社債などを加えた広義流動性という指標もある。

●実際のマネーストック

　図5.2はマネーストックとその構成要素を表したものである（各年の平均残高）。現金通貨はM1から見てもM3から見ても比較的少なく，マネーストックの構成要素としてはあまり多くはない。それに対して預金通貨は現金通貨の何倍もあり，かつ近年徐々に増えてきている。さらに準通貨も現金通貨よりもかなり多いが，時間を通じてあまり変化はない。M1は2003年頃にはM3の半分ほどであったが，預金通貨の増加により，2022年ではM3の3分の2ほどになった。2022年時点でM1は約1,000兆円，M3は約1,500兆円，広義流動性は約2,000兆円である。

5　銀行業とマネー　　61

図5.3 マネタリーベースとマネーストック

貨幣 ＋ 銀行券 ＋ 中央銀行当座預金 ＝ マネタリーベース

＋ 預金通貨など ＝ マネーストック

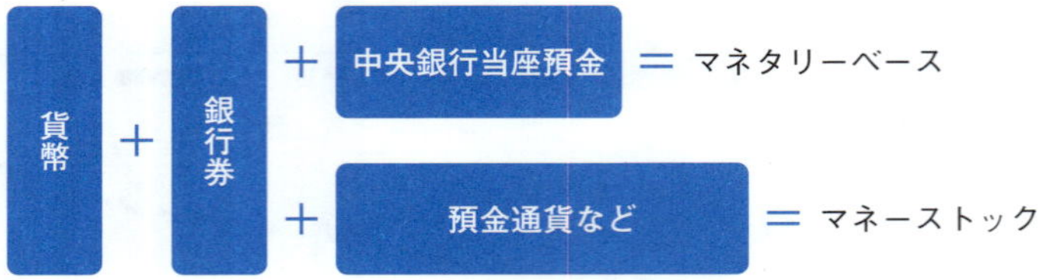

5.3 マネタリーベースとマネーストックとの関係

　第4章で学んだマネタリーベースと本章で学んだマネーストックとが混同してしまっている読者もいるかも知れないので，ここで整理しておこう。図5.3にあるように，貨幣，銀行券，中央銀行当座預金からなるのがマネタリーベースであり，貨幣，銀行券，預金通貨からなるのがマネーストックである。

　かつては，マネタリーベースがマネーストックを生み出すと考えられたこともあった。中央銀行によってマネタリーベースが民間部門に供給されると，それをもとに貸出が行われ，預金が増えることによって，また貸出が可能になり，預金が増える，と考えられていた。しかし，この考え方にはいくつかの点で誤りがある。第1に，信用創造には元手は必要ない。したがって，中央銀行当座預金が増えたからといって，それを元に貸出を行うということはない。第2に，マネタリーベースが変化するからマネーストックが変化するのではなく，マネーストックが変化するからマネタリーベースが変化するのである。貸出が行われ預金が増えると銀行は準備預金を用意しなければならなくなる。そのため，中央銀行当座預金を銀行が需要する。この需要に答えるように中央銀行は資金供給オペを行ってマネタリーベースを増やすわけである。

5.4　なぜマネーは受容されるのか

　ここまで，マネーは貨幣，銀行券，預金通貨などからなることを説明してきた。マネーの定義を広義流動性まで広げれば，国債や社債などもマネーとみなすことができる。ということは，人々が受け取ってくれさえすれば，どんなものでもマネーになるのであろうか。答えはイエスである。ただし，受け取ってくれるかどうかが問題となる。受け取ってくれる人が比較的多い金融資産を含む定義が広義流動性というわけである。

　人々はなぜ額面ほどの価値のない金属や紙でできた貨幣や銀行券を受け取って取引するのであろうか。中央銀行当座預金についても同じである。なぜ中央銀行の帳簿上に書かれているだけの数字である中央銀行当座預金で金融機関は取引を行うのであろうか。実は，これらマネタリーベースの要素が取引に用いられるのは，税や罰金など政府に支払う必要のあるときに必要とされるからである。このことをゲーム理論と呼ばれる分野のモデルを用いて考えてみよう。以下の税のないモデルは清滝・ライト・モデルと呼ばれる。

●清滝・ライト・モデル

　まず，税のない状態から出発する。経済には無限に家計が存在するが，簡単化のために自分とその他大勢との2者が取引を行うと仮定しよう。経済には価値の全くない財も存在し，それを受け取るかどうかがこのモデルの選択である。他人に財を売る際に，全く価値のない財を受け入れると，それを後で使わねば利得は上がらない。その他大勢の人々もそれを使って取引してくれれば，自分は他の人から財を受け取ることができる。

　また，この取引が続けば財の交換が容易になる。したがって，自分もその他大勢も全く価値のない財を交換手段として受け入れるときには利得が2増えるとしよう。自分は全く価値のない財を受け取るのにその他大勢の人々が受け取ってくれなければ，自分の財を取られるだけなので，効用は−1とする。その逆の場合は，他の人の財を消費することができるので利得は1とする。自分もその他大勢も全く価値のない財を受け取らなければすべての取引は成立しないので，利得はゼロである。

⑤　銀行業とマネー　　**63**

表5.1 税のない場合

		その他大勢	
		拒 否	受 取
自分	拒 否	0, 0	1, −1
	受 取	−1, 1	2, 2

　このことをまとめたのが表5.1である。表の中の左の数字は自分の利得，右の数字はその他大勢の（一人あたりの）利得である。誰も全く価値のない財を交換手段として利用しない場合，つまり（拒否，拒否），ならば利得は（0，0）である。自分は受け取るがその他大勢が受け取らない場合（受取，拒否）ならば，利得は（−1，1）である。その逆のときの利得は（1，−1）となる。どちらも受け取る場合（受取，受取），利得は（2，2）である。

　このようなゲームを行う場合，自分はどのような戦略をとるべきであろうか。その他大勢が拒否して来る場合には，自分も拒否すると利得が0，自分は受け取ると利得が−1になるので，自分も拒否したほうが良い。その他大勢が受け取る場合には，自分は拒否すると利得が1，自分も受け取ると利得が2になるので，自分も受け取ったほうが良い。このことはその他大勢も同じなので，（拒否，拒否），（受取，受取）が自分にとってもその他大勢にとっても最適な戦略となる。このように，他の経済主体の戦略が与えられたときに，他のどの戦略をとっても得をしないような戦略の組み合わせをナッシュ均衡という。したがって，全く価値のない財であっても，交換に利用できるのであれば受け取られる，つまりマネーとなる可能性があるということである。

　しかし，このモデルでは（拒否，拒否）もまたナッシュ均衡であり，誰も全く価値のない財を受け取らないということもありうる。現実的には日本円は貨幣にしろ日本銀行券にしろ誰もが受け取ってくれるので，現実的な均衡ではない。なぜこうした均衡が生じてしまうのであろうか。

		その他大勢	
		拒 否	受 取
自分	拒 否	$-P, -P$	$1-P, -1$
	受 取	$-1, 1-P$	$2, 2$

表5.2　税のある場合

●税のあるモデル

　上記のモデルでは経済主体の自然な取引のみが仮定されており，全く価値のない財をマネーとしてつなぎとめておく仕組みが存在しない。そこで，マネーを支払わねばならない仕組みとして税を導入しよう[3]。税制は政府がマネーを徴収し，支払わない場合には罰$-P$を与える仕組みである。

　表5.1に，全く価値のない財を受け取らないと$-P$の利得が生じるように書き換えたのが表5.2である。この表で，自分がどうするべきなのか考えてみよう。その他大勢が拒否した場合には，自分も拒否すると利得は$-P$，受け取ると利得は-1となる。その他大勢が受け取る場合には，自分は拒否すると利得は$1-P$，自分も受け取ると利得は2となる。ということは，自分の行動はPの大きさ次第ということになり，$P>1$ならばその他大勢がどちらの行動をとったとしても受け取るほうが利得は高くなる。その他大勢にとっても条件は同じなので，$P>1$の場合，ナッシュ均衡は（受取，受取）になる。

　このモデルからわかることが2つある。1つは，税がなければマネーは不安定な存在となりうるということである。人々がマネーを受け取る均衡もあるが，ひとたび経済に何らかのショックがあって受け取らない人が出てくれば，受け取らない均衡が実現しうる。2つ目は，税があることでマネーが流通するのであるから，税制はマネーが流通する十分条件ではあるが必要条件というわけではないということである。しかし，現実の経済を見てみれば，

---

[3]　このモデルはGoldberg（2012）による。

⑤　銀行業とマネー　　**65**

税制は非常に大きな役割を果たしており，マネーが流通する条件としてはもっともらしい。

5.5　なぜ預金はマネーとなりうるのか

　税を支払う場合には貨幣や銀行券を用いることができるし，中央銀行にある政府預金に税を振り込むには中央銀行当座預金が必要とされるのでマネタリーベースが受容されるのは前節のモデルからよくわかる。その一方で，預金は民間銀行が発行する金融資産であり，貨幣や銀行券とは異なる。なぜ民間銀行の発行する預金もマネーとして受け入れられるのであろうか。

　預金は貨幣や銀行券と1対1で交換することを約束された金融資産である。例えばA銀行に保有している預金が帳簿上10万「円」あるとすると，その単位は正確には10万「A銀行円」であり，引き出すときに10万「日本円」と等価交換されるのである[4]。預金口座を通じて税を支払う場合も，10万「日本円」を支払う必要がある場合には10万「A銀行円」から帳簿上支払い，A銀行が中央銀行当座預金から10万「日本円」を政府預金に振り込む。したがって，預金も民間銀行が発行する何の価値もない情報なのであるが，上記のような等価交換を約束することによって人々に受容されるのである。

　さらに，銀行が貸出を行うと，返済には預金口座への振り込みが要求される。そのため，借り手はその銀行の預金を必要とする。借り手が欲しがる預金は他の人々にとってはその借り手への支払いに利用できるので，その他の人々もその銀行の預金を受け取ってもよいことになる。そのため，銀行への返済があたかも税の徴収のような役割を果たして，預金をマネーとして流通させることになる。

---

[4]　日本銀行が設立される前には，民間銀行には国立銀行というものがあり，各国立銀行が「国立銀行券」を発行することができた。日本銀行が設立されてからは日本銀行券のみに統一された。しかし，預金は信用創造によって銀行が発行できるのであるから，現在でも各銀行がマネーを発行していることになる。

こう考えると，その他の金融資産もマネーになりそうである。例えば国債は繰り上げ返済（途中換金）を求めれば日本円と交換されるし，満期にも日本円で確実に返済される。金融市場では国債を利用した取引もあるため，マネーとしての役割を果たしているといえる。優良企業の社債も同様に日本円との交換が約束されていると考えることができる。こうして考えれば，広義流動性がマネーストックとみなされることがわかる。

◆ 練習問題

問 5.1　信用創造とは何か。
① 金融機関が貸出を通して預金を生み出すこと。
② 民間非金融部門が預金として資金を預けること。
③ 金融機関が名声を得ること。
④ 民間非金融部門が金融機関から信頼を得ること。

問 5.2　準備預金制度とは何か。
① 民間非金融企業が資産額に応じて金融機関に準備預金を保有しなければならない制度。
② 民間非金融企業が預金量に応じて金融機関に準備預金を保有しなければならない制度。
③ 金融機関が資産額に応じて中央銀行に準備預金を保有しなければならない制度。
④ 金融機関が預金量に応じて中央銀行に準備預金を保有しなければならない制度。

問 5.3　次のうちバランスシート規制はどれか。
① 競争制限規制
② 預金金利規制
③ 排出ガス規制
④ 自己資本比率規制

問 5.4　マネーの機能として誤っているものはどれか。
① 交換手段機能
② 物々交換機能
③ 価値尺度機能
④ 価値貯蔵機能

5　銀行業とマネー　**67**

問 5.5　マネーストックの M1 に含まれるものをすべて選びなさい。

① CD
② 現金通貨
③ 預金通貨
④ 準通貨

問 5.6　2 人の囚人が別々の部屋で取り調べを受けている。2 人は自白するか，黙秘するかを選ぶことができる。利得が下の表で与えられるとき，ナッシュ均衡はどれか。

		囚人 B	
		黙　秘	自　白
囚人A	黙　秘	−2, −2	−4, −1
	自　白	−1, −4	−3, −3

① （黙秘 , 黙秘）
② （黙秘 , 自白）
③ （自白 , 黙秘）
④ （自白 , 自白）

第 6 章
物価とインフレーション

- 6.1 物価指数
- 6.2 インフレーション
- 6.3 インフレのコスト
- 6.4 なぜインフレは起きるのか
- 6.5 マネーは物価を変化させるのか

　財・サービスにはそれぞれ価格がつけられており，それぞれの市場で需要と供給とのバランスによって価格と数量が決まるというのはよく知られている。マクロ経済学では全体の傾向として，財・サービスの価格である物価はどうなっているのかを知ろうとする。簡単にいえば，全体の平均的な物価を知りたいわけである。さらに，物価の水準だけでなく，その変動がどうなっているのかも重要な情報である。というのも，我々は１年だけ生きるのではなく，数十年間生き続けるため，その間に物価が変動すると毎年同じ出費をするというわけにはいかなくなるからである。そこで，この章では物価とその変動について学ぶことにする。

6.1　物価指数

　財・サービスにはそれぞれ売られている単位がある。例えば，野菜は一つ一つ売られているのに対し，お菓子はパックで売られているし，飲み物はボトルで売られている。単位が１つであっても果物と車とでは１つあたりの価格が全く異なる。さらに，同じ価格でも，財とサービス（例えば電車やバスの運賃）をまとめるにはどうすればよいのだろうか。

69

●消費者物価指数

　そこでこうした問題に対処するために用いられているのが，総務省統計局が算出している消費者物価指数（CPI）という指標である。CPI は，家計が平均的に購入する財・サービスの価格を指標にして，時系列的に比較可能にしたものである。具体的には，基準となる時点の指数を 100 として，そこから時間が離れたときにどれだけ指数が上下するかで物価の変動を見るものである。

　CPI は以下のような式で計算される。

$$t 年の CPI = \left(\frac{第 1 財の t 年の価格 \times 第 1 財の基準年の購入数量 + \cdots}{第 1 財の基準年の価格 \times 第 1 財の基準年の購入数量 + \cdots} \right.$$

$$\left. \frac{第 n 財の t 年の価格 \times 第 n 財の基準年の購入数量}{第 n 財の基準年の価格 \times 第 n 財の基準年の購入数量} \right) \times 100$$

これだけではわかりにくいので，計算の具体例を見てみよう。表 6.1 は架空の財 A，財 B の 2 財からなる経済を表している。2010 年を基準年とすると，この経済の 2000 年の CPI は，

$$2000 年の CPI = \left(\frac{150 \times 98 + 42 \times 240}{148 \times 98 + 43 \times 240} \right) \times 100 = 99.8$$

と計算される。同様に，2010 年は，

$$2010 年の CPI = \left(\frac{148 \times 98 + 43 \times 240}{148 \times 98 + 43 \times 240} \right) \times 100 = 100$$

であり，2020 年は，

$$2020 年の CPI = \left(\frac{152 \times 98 + 44 \times 240}{148 \times 98 + 43 \times 240} \right) \times 100 = 102.5$$

と計算される。

　CPI に算入される財・サービスの品目は，家計が平均的に支出する品目から重要なもの約 600 を選んで構成されており，その中身は 5 年ごとに見直

表6.1 CPIの計算例

	2000年	2010年 (基準年)	2020年
財Aの価格	150	148	152
財Aの購入数量	100	98	105
財Bの価格	42	43	44
財Bの購入数量	230	240	250
消費者物価指数	99.8	100.0	102.5

図6.1 消費者物価指数

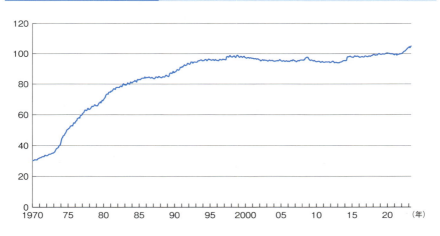

（出所） 総務省統計局「消費者物価指数」

されている。また，CPIは毎月公表されているため，夏服と冬服のように連続性がない品目もある。しかし，家計が平均的に支出する金額という点で見れば，どのように価格変化したのかを捉えることができる。

　図6.1は1970年以降のCPIの推移を表している。1970年代前半で急上昇した後，その傾きは緩やかになり，1990年代末からは水準が低くなっていることがわかる。また，近年ではまた傾きが急になっている。

6　物価とインフレーション

図6.2 企業物価指数（2010年平均＝100）

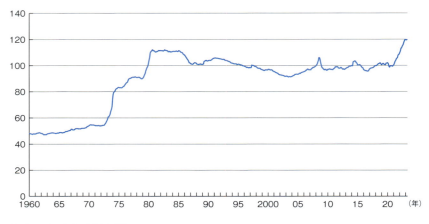

（出所）日本銀行「企業物価指数」

● 企業物価指数

　CPI に似た物価指数として，企業間で取引される財を対象とした企業物価指数がある[1]。企業物価指数は日本銀行が算出し公表している。（国内）企業物価指数は約 500 品目が採用され，基本的には CPI と同じような計算方法で算出されている。1960 年以降の企業物価指数の推移を描いたのが図 6.2 である。CPI と比較して変化が激しいことがわかる。特に，1970 年代には垂直に近い上昇が 2 度も生じている。

● GDP デフレーター

　我々は第 3 章で実質 GDP を学んだ。実質 GDP は価格の変化を固定した GDP であった。一方，名目 GDP は価格を固定していないのであるから，名目 GDP を実質 GDP で割ることで平均的な価格の変化を算出することができる。これを GDP デフレーターという。つまり，

---

[1] 企業物価指数はさらに，国内企業物価指数と輸出・輸入物価指数に分けられる。ここでは国内企業物価指数について説明している。

図6.3 GDPデフレーター

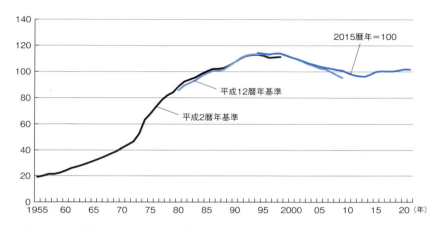

（出所）内閣府「国民経済計算」より。各系列の基準年が次の系列と等しくなるようにつないだ。

$$\text{GDP デフレーター} = \frac{\text{名目GDP}}{\text{実質GDP}} \times 100$$

ということである。図6.3は基準年の異なる3つのGDPデフレーターをつないだものである。年次ということもあり他の2つの指数と比べると変動はなめらかであるが，1970年代前半に急上昇した後から傾きが徐々に緩やかになる傾向はCPIと同様である。

いずれの指数も物価の水準と変化を知るために用いられるが，用途に応じて使い分けられる。家計の直面する物価水準にはCPIが，企業が直面する物価水準には企業物価指数が，経済全体の物価水準にはGDPデフレーターがそれぞれ参照される。

6.2 インフレーション

物価指数は物価の変化を知るのに役立つことを前節では学んだ。物価が継

6 物価とインフレーション

図6.4　日本のCPIインフレ率

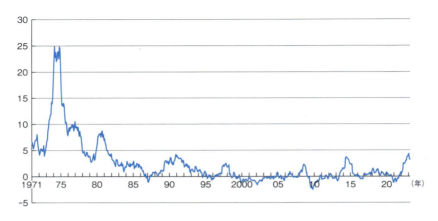

（出所）　総務省統計局「消費者物価指数」より前年同月比。

続的に上昇することを物価インフレーションあるいは単にインフレーション（略してインフレ）という。「継続的に」という点が重要で，一時的な物価の変動はインフレとは呼ばない。また，継続的に物価が下落することはデフレーション（デフレ）という。物価指数は物価水準を観察するには役立つが，物価の変化を知るには何％変化したのかを知るほうがわかりやすい。そこで，物価指数のパーセント変化を表したものをインフレ率という。通常，インフレ率はCPIで測られる。

図6.4は1971年1月から2023年3月にかけての日本のCPIインフレ率（前年同期比）を描いたものである。1970年代にはインフレ率が非常に高い時期があり，1974年2月には24.9％を記録した（いわゆる「オイルショック」。12.3節参照）。1970年代をすぎるとインフレ率は3％前後の安定した時期に入るが，1990年代後半以降は度々マイナス，つまりデフレになるようになる。しかし，直近の2023年ではインフレ率は徐々に上昇し，5％近くまでになった。

●ハイパーインフレーション

世界を見渡すと，とてつもない数字のインフレ率に達した国々が存在する。

表6.2 ハイパーインフレーションの例

国	年　月	インフレ率（月次，%）
ハンガリー	1946 年 7 月	4.19×10^{16}
ジンバブエ	2008 年 11 月	7.96×10^{10}
ユーゴスラビア	1994 年 1 月	3.13×10^{8}
スルプスカ共和国	1994 年 1 月	2.97×10^{8}
ベネズエラ	2019 年 1 月	2.68×10^{6}
ドイツ	1923 年 10 月	29,500
ギリシャ	1944 年 10 月	13,800
中　国	1949 年 4 月	5,070
アルメニア	1993 年 11 月	438
トルクメニスタン	1993 年 11 月	429

（出所）　Wikipedia（英語版），"hyperinflation" の Most severe hyperinflations in world history（2023 年 5 月閲覧）より筆者作成。

経済学では月次のインフレ率が 50%（年率で $[(1+0.50)^{12}-1] \times 100 \simeq 12875\%$！）を超える場合をハイパーインフレーションと呼ぶ。表6.2 は人類が経験したハイパーインフレーションの上位 10 の例を示している。最も厳しいハイパーインフレーションを経験したのは 1946 年 7 月のハンガリーで，インフレ率は月次で $4.19 \times 10^{16}\%$ にもなった。近年でもハイパーインフレーションは起きており，2019 年 1 月にはベネズエラで月次 $2.68 \times 10^{6}\%$ のインフレ率を経験している。

6.3　インフレのコスト

　なぜマクロ経済学ではインフレを重視するのであろうか。それは，インフレが様々なコストを生じさせるからである。

●靴底コスト

　第1に，インフレによって名目利子率が上昇し，銀行預金の利子率がインフレ率よりも高くなった場合，現金を保有するよりも預金として預けておくほうが良い。しかし，現金でしか決済できない財・サービスもたくさん存在するから，銀行預金を引き出しに行かねばならない。インフレが起きている状況ではできるだけ預金に預けておくほうが得なので，買い物のたびに預金を引き出すのが賢明である。すると，お金を引き出す時間や手間がコストになる。これを靴底コストと呼ぶ。ただし，クレジットカードやデビットカードでの決済が普及した現在では靴底コストはそれほど大きくないかもしれない。

●メニューコスト

　第2に，インフレになると財・サービスの価格が変化するので，その表示を頻繁に変えなければならない。例えば，レストランのメニューやカタログ・自動販売機の価格表示はインフレ率が高いときには頻繁に変えねばならず，面倒である。このようなコストをメニューコストという。ただし，このメニューコストも電子表示されたメニューが普及し，またインターネット経由で買い物する機会も多い現在ではやはり大きなコストにはならないかもしれない。

●計算単位コスト

　第3に，インフレが進んだ経済では価格の計算が容易でないかもしれない。店にいる間に価格が変わってしまうようなハイパーインフレーションのもとでは，どんなタイミングで注文するかが重要になる。すぐに食べるならば早めに注文したほうが良いが，途中で追加注文するということもありうるだろう。すると，客はいくら支払いが必要になるのかわかりにくくなってしまう。こうしたコストを計算単位コストという。しかし，こうしたコストも電子表示のメニューが普及していればやはりある程度コストを減らすことができそうである。

●予想外のインフレのコスト

第4に，意図していたインフレ率と異なる率でインフレが進行すると弊害が生じるコストである。こうしたコストを予想外のインフレのコストという。例えば，この先1年で2%のインフレを予想して労使交渉で2%の賃上げを実現したとしよう。ところが，実際のインフレ率は3%であったとすると，労働者側が1%の賃下げを飲んだのと同じことになってしまう。あるいは逆に，実際のインフレ率が1%であったとすると，企業側が余計な賃金を払わねばならないことになってしまう。

また，融資の契約においてもあらかじめ利子率を決めている場合が多いが，インフレ率が当初予想したよりも高くなってしまうと借り手には有利に，貸し手には不利になってしまう。ただし，このような弊害をなくすために，インフレ率に連動する形で賃金や利子率を決めるような契約も存在するため，予想外のインフレのコストを低下させることは可能ではある。

こうして考えると，インフレには様々なコストが存在するものの，インフレ率が緩やかであればあまりコストは大きくないように見える。実際，研究者の間でもインフレのコストは大きいとする研究や小さいとする研究が入り乱れており，意見の一致は得られていない。しかし，ハイパーインフレーションのような高率のインフレが経済に大きな負荷を与えることは明らかであろう。

6.4　なぜインフレは起きるのか

それではなぜインフレは起きるのであろうか。インフレの原因は大きく2つに分けることができる。

●コストプッシュ・インフレ

一つは，企業の費用にショックが生じ，価格を引き上げる力が働く要因である。こうしたインフレを，コストプッシュ・インフレと呼ぶ。例えば，賃金に関して労使交渉があり，賃金が引き上げられることになった場合を考え

てみよう。賃金は企業にとって見ればコストであるから，利益を減らして価格を維持することも可能かもしれない。しかし，価格の維持ができないほど賃金が引き上げられれば，企業は競争的な市場であっても価格を上げざるを得ない。このような賃金引き上げが様々な市場で生じればインフレ圧力につながる。また，原材料価格の高騰もコストを引き上げる要因である。現代の産業では燃料を利用することが多いので，石油価格の高騰はコストプッシュ・インフレの要因となる。

●ディマンドプル・インフレ

インフレのもう一つの原因は，企業側の要因が不変であるにもかかわらず，財・サービスを購入する量，つまり需要が多すぎるためにインフレになるというものである。このようなインフレを，ディマンドプル・インフレと呼ぶ。「ディマンド」とは需要のことである。例えば，2023 年には新型コロナの感染が弱火になり，人々が外出を再開するようになった。企業側はそれまで生産体制を過小にすることでコストを抑えて新型コロナによる需要減に対応していたが，急に需要が戻ってきてもすぐには生産の増加に対応できない。そのため，インフレ圧力が働くこととなった。このように，何らかのショックによって需要が急拡大するとディマンドプル・インフレが生じる。

●賃金・物価スパイラル

コストプッシュ・インフレにしてもディマンドプル・インフレにしても，物価に及ぼす効果は一度であるから，それが継続しなければインフレにはならない。もちろん，原材料価格の高騰や需要の拡大が長引くことはありうる。しかし，複数の要因が連鎖的に起きることで物価の上昇が長引くこともある。賃金上昇が引き起こした物価の値上げにより，賃金の上昇幅よりも物価の上昇幅のほうが大きくなると労働者の生活が苦しくなる。労使交渉で労働者の交渉力がある程度強い場合には，さらなる賃上げ圧力が働くだろう。こうして，賃金上昇→物価上昇→賃金上昇→物価上昇→……という連鎖が生じることがある。これを賃金・物価スパイラルと呼ぶ。このようなスパイラルに陥ってしまうと，物価は長期的に上昇し，インフレが生じてしまう。

6.5 マネーは物価を変化させるのか

我々は第5章でマネーが価値尺度として機能していることを学んだ。マネーは財・サービスの価値を表しているのであれば、物価とマネーは関連していそうである。そこで、マネーと取引との関係を式に表してみよう。

$$M \times V = P \times Y$$

ただし、M はマネーストック、P は物価水準、Y は実質 GDP である。ということは、右辺は名目 GDP を表している。つまり、この式は名目 GDP の額だけ取引が行われるためにマネーがどれだけ使われたのかを表している。ここで、V は貨幣の流通速度と呼ばれ、名目 GDP の取引のためにマネーが何回使われたのかを表している。この式は経済で必ず成り立つ関係を表している恒等式である。

ところで、マネーストック M が変化したからといって実物の財・サービスの生産量である実質 GDP は長期的には影響を受けないであろう。そうすると、M の変化に対して Y も一定である。また、流通速度 V は経済が安定していれば、時間を通じてそれほど変化はなさそうである。したがって、一定と仮定しよう。こう考えると、マネーの変化によって影響を受けるのは物価水準 P だけである。つまり、マネーが変化すれば物価水準が変化するだけで経済に変化はないことになる。こうした考え方を貨幣数量説という。貨幣数量説が正しければマネーの増加率によってインフレ率が決まることになる。

●貨幣数量説は成り立つか

貨幣数量説が正しいのかどうか検証してみよう。

まず、1999〜2021年のマネーストックの変化率と実質 GDP の変化率との関係を描いたのが図 6.5 である。縦軸は M2 の変化率、横軸は実質 GDP の変化率を表している。この2つの系列は散布図で見る限り関係がなさそうである（相関係数は −0.12）。

次に、表 6.3 では貨幣の流通速度 $V = PY/M$ を計算している。20 年の間に貨幣の流通速度は徐々に低下している。つまり、貨幣の流通速度が一定とい

図6.5 マネーストックの変化率と実質GDPの変化率との関係

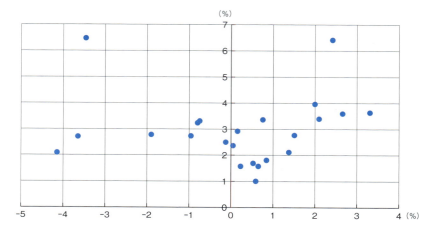

（出所）M2は日本銀行「マネーストック統計」，実質GDPは内閣府「国民経済計算」より。ただし，1999～2003年のマネーストックは日本銀行「マネーサプライ統計」よりM2＋CDを用いた。

表6.3 貨幣の流通速度

	2000年	2005年	2010年	2015年	2020年
名目GDP（億円）	537.6	534.1	504.9	540.7	537.6
M2（億円）	629.3	701.4	775.4	906.4	1092.6
貨幣の流通速度	0.854	0.762	0.651	0.597	0.492

（出所）名目GDPは内閣府「国民経済計算」，マネーストックは日本銀行「マネーストック統計」より。ただし，2000年のM2は「マネーサプライ統計」よりM2＋CDを用いた。

う仮定は誤っていると考えることができるだろう。よって，近年の日本のデータを用いる限り，貨幣数量説は成立しないことがわかる。

◆ 練習問題

問 6.1 CPI とは何の略か。
① 国内総生産
② 企業物価指数
③ 消費者物価指数
④ 国民総所得

問 6.2 GDP デフレーターはどのように計算されるか。
① 実質 GDP を CPI で割る。
② 名目 GDP を CPI で割る。
③ 実質 GDP を名目 GDP で割る。
④ 名目 GDP を実質 GDP で割る。

問 6.3 月次のインフレ率が 50 ％を超える現象を何と呼ぶか。
① マイルド・インフレーション
② マイクロ・インフレーション
③ スーパー・インフレーション
④ ハイパー・インフレーション

問 6.4 インフレの靴底コストとは何か。
① 最も安い店を探して買い物に行かねばならないコスト。
② 買い物のたびに預金を引き出さねばならないコスト。
③ 靴の値段を気にして歩くのを控えるコスト。
④ 値段が上がる前に急いで店に駆け込むコスト。

問 6.5 インフレのメニューコストとは何か。
① メニューの内容を頻繁に更新しなければならないコスト。
② 商品の金額表示を頻繁に変更しなければならないコスト。
③ 財・サービスの品目が減少してしまうコスト。
④ 商品開発を頻繁に行わなければならないコスト。

問 6.6 インフレの計算単位コストとは何か。
① 常にインフレが進むと支払いがいくらになるのかわかりにくくなるコスト。
② 支払いが円単位なのかドル単位なのかユーロ単位なのかが不明となるコスト。
③ 毎日インフレが進むとレジでの計算が面倒になるコスト。
④ 財・サービスの表示価格を更新しなければならないコスト。

6 物価とインフレーション **81**

問 6.7　企業の費用が高まって生じるインフレを何と呼ぶか。
① ディマンドプッシュ・インフレ
② ディマンドプル・インフレ
③ コストプッシュ・インフレ
④ コストプル・インフレ

問 6.8　需要が高まって生じるインフレを何と呼ぶか。
① ディマンドプッシュ・インフレ
② ディマンドプル・インフレ
③ コストプッシュ・インフレ
④ コストプル・インフレ

問 6.9　貨幣数量説とは何か。
① 生産の変化が同じだけの貨幣量の変化に結びつくとする考え。
② 物価の変化が同じだけの貨幣量の変化に結びつくとする考え。
③ 貨幣量の変化が同じだけの生産の変化に結びつくとする考え。
④ 貨幣量の変化が同じだけの物価の変化に結びつくとする考え。

第7章
労働市場と失業

- 7.1　労働市場
- 7.2　失業
- 7.3　（賃金版）フィリップス曲線

　前章では財・サービスの市場の価格である物価を学んだ。市場は非常に広い概念で，取引が行われていれば市場の一部とみなされる。私たちは日々，財・サービスの取引を行っているので，それぞれの財・サービスごとに市場が存在する。

　他方で，我々は常日頃から売っているものもある。アルバイトをしたことがある読者は多いであろうし，フルタイムの仕事を持っている方もいるかも知れない。これらの仕事では，我々は労働力あるいは労働を企業に売り，その対価として給与あるいは**賃金**を受け取っている。このような取引は財・サービスと同じ側面もある。企業が引越し業者や輸送業者を通じてサービスを販売し，代金を受け取るのと同様に，我々が働けば賃金を受け取れるからである。したがって，労働力を売買する市場は**労働市場**とみなせる。家計は多くの場合，労働力を提供する労働者でもある。

7.1　労働市場

　企業は労働力を必要とする立場であるので，企業が求める労働力は労働需要である。労働者は労働力を提供する立場であるから，労働者が供給する労働力は労働供給である。需要と供給があるということは，財・サービス市場と同様に，対応する数量と価格が存在する。数量は労働時間あるいは労働者数，労働市場の価格は賃金である。ということは，労働市場も財・サービス市場と同じような分析ができそうである。

　しかし，財・サービス市場と労働市場はいくつかの点で異なる。第1に，

83

財・サービスは消費することができるが，企業は労働を消費するために購入するわけではなく，生産するために雇う。個人で事業を行う人（個人事業主）は労働をそのままサービスとして消費してもらえるかもしれないが，その場合でも労働は企業に買い取られ，その企業がサービスを提供する形で消費される。

　第2に，財は買われなければ在庫としてとっておいたり，捨ててしまったりすることもあるが，労働力は企業の都合で自由に解雇することはできない。労働者にとって働いて賃金を得ることは生活に直接影響するので，財と同様に簡単に捨ててしまわれては困るからである。また，日本国憲法第28条にあるように，労働者は労働組合を結成して企業に対して賃金や労働条件について交渉する権利を有している。同じような市場であっても，扱う対象がモノなのかヒトなのかは強く意識する必要がある。

●賃　金

　注意すべき点はあるものの，労働市場にも数量と価格，つまり労働時間・労働者数と賃金とがあることを説明した。ここではその具体的なデータを見てみよう。労働市場の価格である賃金については，現金給与総額で見ることができる。現金給与総額は，いわゆる「基本給」などの決まって支給する給与，およびいわゆる「ボーナス（賞与）」などの特別に支払われた給与（特別給与）からなる。

現金給与総額＝決まって支給する給与＋特別に支払われた給与

図7.1は現金給与総額（名目，月額，平均）を表している。決まって支給する給与，特別に支払われた給与とも1970年代から1990年代半ばまで急激に伸びていたことがわかる。しかし，現金給与総額は1990年代後半から徐々に減少し，2000年代後半以降は頭打ちとなっている。

　図7.1の現金給与総額は，労働者が手にした給与そのものを表している。しかし，たとえ給与の額が上昇したとしても，物価水準も同様に上昇してしまえば購入できる財・サービスの量は変わらないことになる。そこで物価水準の変化を考慮した賃金である実質賃金を求めてみよう。実質賃金は具体的

図7.1　現金給与総額（名目，月額，平均）

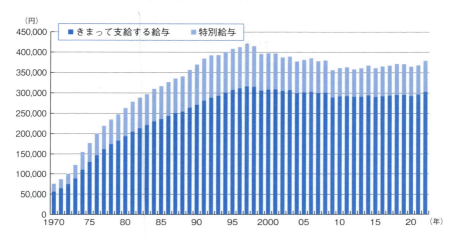

(出所)　厚生労働省「毎月勤労統計調査」

には以下のように求める。

$$実質賃金 = \frac{名目賃金}{物価水準}$$

ただし，名目水準とは額面上の賃金，すなわち図7.1の現金給与総額のことである。また，実際の計算にあたっては物価水準にはCPIなどの物価指数を使うが，物価指数は100を中心に表示されるため，物価指数/100を分母とする。

このようにして計算された実質賃金は，図7.2に示されている。物価水準にはCPIを用いた（基準年は2020年）。1970年代から1990年代半ばまでの上昇は名目賃金と比較してかなり緩やかになっている。これはこの期間に物価水準も同様に上昇していたことを表している。しかし，物価水準の上昇を考慮しても賃金は伸びていたことがわかる。1990年代後半から実質賃金が下落している点も名目賃金と同じであるが，2000年代後半以降も実質賃金は緩やかに下落を続けている。つまり，この期間は名目賃金に対して物価水準が上昇していたことになる。このように，賃金は名目と実質とでは異な

7　労働市場と失業　　**85**

図7.2 現金給与総額（実質，月額，平均）

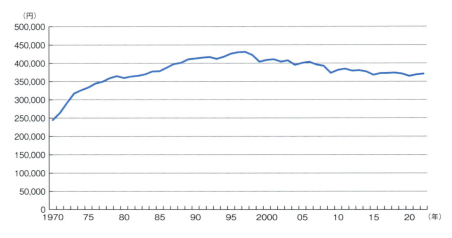

(出所) 名目の現金給与総額は厚生労働省「毎月勤労統計調査」，消費者物価指数は総務省統計局「消費者物価指数」より得て，筆者作成。

って見える点がある。

● 労働時間

　次は労働市場の数量である。2023年4月時点において，1か月の平均的な労働時間である総実労働時間は，一般労働者は168.8時間，パートタイム労働者は80.9時間，全体では140.8時間であった[1]。また，1か月の出勤日数はそれぞれ，20.1日，13.9日，18.2日となっている。一般労働者の数字では，1日あたり8時間ちょっと働いていることになる[2]。

　労働市場に参加する人数は労働力人口と呼ばれる。表7.1は2023年4月時点の統計を表しており，労働力人口は6,930万人いた。このうち，就業者は6,741万人であった。就業者のうち，自営業主・家族従業者は652万人，

---

[1] 厚生労働省「毎月勤労統計調査（全国調査・地方調査）：結果の概要」(https://www.mhlw.go.jp/toukei/list/30-1a.html) より。

[2] 尾高（1990）によると，1894年の愛知県における工場労働者の平均労働時間は1日あたり11.9時間であった。100年前と比べると，労働時間は短くなっていることがわかる。

表7.1　2023年4月の労働力人口

原数値	実数（万人）
15歳以上人口	11,018
労働力人口	6,930
就業者	6,741
自営業主・家族従業者	652
雇用者	6,057
完全失業者	190
非自発的な離職	45
自発的な離職（自己都合）	74
新たに求職	54
非労働力人口	4,079

（出所）　厚生労働省「毎月勤労統計調査」

雇用者（雇われる人）は 6,057 万人となっている。

7.2　失　業

　労働供給は実際に働いている人だけが現れるが，労働市場には働く意欲はあるのに働いていない人たち（完全失業者）も存在する。表7.1 にあるように完全失業者は 190 万人で，完全失業者を労働力人口で割った完全失業率は

$$
完全失業率 = \frac{完全失業者}{労働力人口} \times 100
$$

$$
= \frac{190}{6,930} \times 100 = 2.7 (\%)
$$

であった。この数字は全体から見れば小さいように感じるかもしれないが，このうち自己都合ではない非自発的な離職が 45 万人いることは問題である。

7　労働市場と失業　**87**

図7.3 労働市場と失業

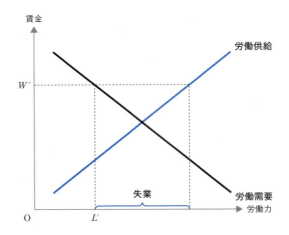

労働市場に何も問題がないのであれば、労働の需要と供給が一致してちょうどよい賃金と労働力が決まりそうである。しかし現実的にそうなっていないのはなぜなのだろうか。図 7.3 は労働市場の様子を描いたものである。企業のように生産要素として労働力を必要とする量は労働需要である。労働者のように企業で労働したいと考える量は労働供給である。仮に賃金が W' にあったとすると、労働供給曲線と労働需要曲線が重なる点よりも高いために超過供給が発生してしまう。これが非自発的失業である。

● 賃金の硬直性

図 7.3 のように何らかの理由で賃金が均衡点よりも高止まりしてしまうために失業は発生する。図 7.2 で見たように、賃金は比較的なめらかで短期間で大きな変動をしない。このような性質を賃金の硬直性という。賃金が硬直的であるために失業は発生するのであるが、なぜ賃金は硬直的なのであろうか。

第 1 に、慣行として雇用契約により決められる賃金は頻繁には変更されない。比較的頻繁に改定されるアルバイトなどであっても、賃金の変更は年に 1 回程度であろう。

第2に，労働組合の交渉力のために賃金が下がりにくいことが挙げられる。労働組合の交渉力が比較的強ければ団体交渉によって景気が悪い時でも企業は賃金を下げにくい。そのため，賃金は高止まりして失業が発生する。

第3に，最低賃金の存在がある。労働市場では政府によって最低賃金が地域ごとに決められている。労働市場の均衡水準よりも最低賃金が高く設定されれば構造的失業が生じてしまう。

第4に，企業自らが賃金を下げたくないと考えている可能性がある。一般に企業は労働者の努力水準を常には観察することはできない。努力を怠っている労働者には賃金の引き下げ（あるいは左遷や，ひどい場合には解雇）を要求することは可能であるが，企業は労働者の情報を完全に得られるわけではない。そこで，通常の賃金を高めに設定しておいて，労働者が怠けていたら低い賃金を提示することにする。そうすると，労働者は低い賃金になるのを恐れて努力するようになる。このように，企業が労働者の努力を引き出すために高い賃金を設定するという考え方を効率賃金仮説という。効率賃金仮説通りに賃金が設定されれば，労働市場は均衡水準よりも高い賃金になってしまうかもしれない。

●摩擦的失業と構造的失業

一方，失業のうち，働く意志はあるが自らの望んだ職がすぐには見つからない一時的な失業を摩擦的失業という。労働市場は財・サービス市場とは異なり，規格化された商品が大量に売買されるようなことが起きにくい。例えば，同じ労働生産性，同じ学歴，同じ性格，同じ体力という条件だけでも似た労働者はすぐにはそろわないであろう。すると企業が求める労働力がすぐに見つかるとは限らない。労働者にとっても，好みの労働条件がそろった職場を見つけるのは時間がかかる。したがって，摩擦的失業は常に労働市場に存在すると考えられる。

また，様々な求人を見つけることができたとしても，その求人が自分の能力に合っていないためにやむを得ず職につけない場合もあるだろう。例えば，職を失ったシステム・エンジニアが介護の求人を見つけたとしても，すぐには職に就けないであろう。このように，労働者の持っているスキルと企業が

7 労働市場と失業　**89**

求めるスキルが一致せずに発生する失業を構造的失業という[3]。

●ベバリッジ曲線

　仮に摩擦的・構造的失業がないのであれば，企業が求人を出してもすぐに職が決まるため失業率はゼロになるはずである。また，失業が発生しているのであれば求人がない状態なはずである。しかし，実際には摩擦的・構造的失業があるためにそのような関係にはならないであろう。このことを見るために，失業率と欠員率（求人を出しても職が決まらない比率）との関係を調べてみよう。ただし，ここでの失業率 U は雇用失業率であり，自営業主・家族従業者を除くため，

$$U = \frac{完全失業者}{完全失業者＋雇用者} \times 100$$

と定義する。分母の雇用者が就業者になれば完全失業率である。また，欠員率 V は，

$$V = \frac{有効求人数－就職件数}{有効求人数－就職件数＋雇用者} \times 100$$

とする。

　この U と V との関係を模式的に表したのが図 7.4 である。これはベバリッジ曲線あるいは UV 曲線と呼ばれる[4]。摩擦的・構造的失業がなければ，雇用失業があるときには欠員はないはずで，欠員があるときには雇用失業はないはずであるから，この 2 つの関係は縦軸と横軸に張り付く。しかし実際には図 7.4 のようにどちらも共存していると考えられる。また，雇用失業率が高いほど欠員率は低く，雇用失業率が低いほど欠員率は高いであろう。そのため，ベバリッジ曲線は右下がりである。雇用失業率と欠員率が等しい場合には労働市場はある意味で「均衡」していると考えられる。したがって，ベバ

---

[3] 構造的失業の定義については様々な議論がある。例えば，玄田・近藤（2003）を参照されたい。

[4] ベバリッジ曲線はジョブ・サーチ理論から導出することができる。詳細は今井ほか（2007）を参照されたい。

図7.4 ベバリッジ曲線

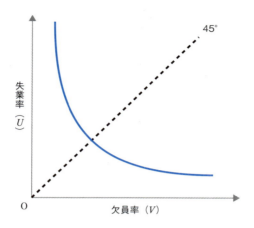

図7.5 現実のベバリッジ曲線

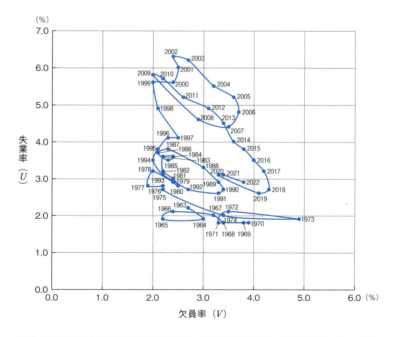

(出所) 有効求人数および就職件数は厚生労働省「一般職業紹介状況（職業安定業務統計）」より，完全失業者および雇用者は総務省統計局「労働力調査」より得て，筆者作成。

7 労働市場と失業 **91**

リッジ曲線の図には45度線が引かれている。ベバリッジ曲線と45度線との交点にある雇用失業率は均衡雇用失業率と呼ばれる。

図7.5は1963〜2022年における日本のベバリッジ曲線を描いたものである。全体としてはばらついているように見えるが，年代ごとに見ると右下がりの関係が観察される。1960年代から70年代は左下のほうで推移しているが，80年代から90年代にはやや右上にシフトして振れ幅が大きくなっている。2000年代以降はさらに右上にシフトし左上から右下へと大きく振れている。

●需要不足失業

ベバリッジ曲線からは別のタイプの失業の傾向も見て取れる。均衡雇用失業率よりも雇用失業率が高ければ相対的に欠員が少なく雇用失業が多い状態にある。このような失業を需要不足失業という。逆に，均衡雇用失業率よりも雇用失業率が低ければ相対的に欠員が多く雇用失業が少ない状態になり，需要不足失業はマイナスである。完全失業率と均衡雇用失業率との差は需要不足失業率と呼ばれる。図7.5に戻ると，ベバリッジ曲線の雇用失業率は45度線，つまり均衡雇用失業率よりも上にあることが多い。換言すれば，需要不足失業率がプラスのことが多いと言える。

●季節的失業

さらに，4月入社・3月退社という慣例があるために，季節ごとに失業率が異なりうる。このような失業を季節的失業という。図7.6は2013〜22年の10年間における月ごとの完全失業率を表したものである。年による変動もあるが，全体として4, 5月に完全失業率は高めであり，12〜2月にかけては完全失業率は低めである。前者は3月に退社した人々が求職者になるためであろう。後者は求職を続けていた人々が諦めて労働市場から退出するせいかもしれない。このようなことから，失業率の統計では月ごとの比較を可能にするために季節調整した系列が作成されている。

図7.6 季節的失業

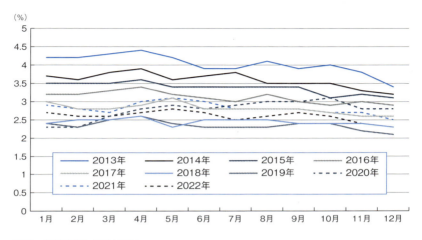

(出所) 総務省統計局「労働力調査」

7.3 （賃金版）フィリップス曲線

　ここまでは賃金と失業率を個別に考察してきた。他方で，多くの経済学者はこれらの間には関連があると考えている。具体的には，（名目）賃金上昇率と完全失業率との間に負の相関があるというのである。この関係を発見者の名前を取って（賃金版）フィリップス曲線という。

　なぜフィリップス曲線のような関係が成り立つのであろうか。失業率が下がって景気が拡大している時期には労働市場が逼迫しており，労働者が企業に労使交渉で強く迫ることができる。その結果，賃金上昇率は高くなる。失業率が高い場合はその逆である。また，失業率が低い場合には企業が労働力を見つけにくくなっており，自ら進んで高賃金を提示して求人すると考えられる。

　図7.7は1971〜2022年における日本のフィリップス曲線を描いたものである。フィリップス曲線は1970年代に左上に位置していたが，それ以降は右下に推移し，1990年代後半以降は下方で推移している。全体としては右下がりのカーブを描いている。したがって，日本では賃金上昇率と失業率

7　労働市場と失業　　93

図7.7 （賃金版）フィリップス曲線

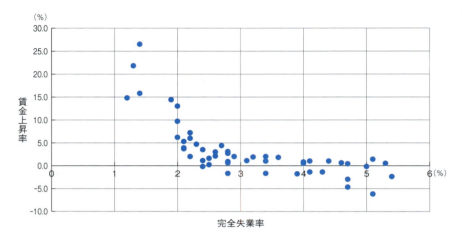

（出所） 賃金は厚生労働省「毎月勤労統計調査」より現金給与総額を用いた。完全失業率は総務省統計局「労働力調査」より得た。

との間に負の相関関係が見られることになる。ただし，このようなきれいな右下がりはどの国でも発見されるわけではなく，例えばアメリカではこれらの指標の間に明確な相関関係は観察されない。

◆ 練習問題

問 7.1　労働市場での数量と価格に対応するものはどれか。
① 財・サービス，物価
② 通勤時間，交通費
③ ローン残高，利子率
④ 労働時間，賃金

問 7.2　現金給与総額に含まれるものをすべて選びなさい。
① 決まって支給する給与
② 名目給与
③ 実質給与
④ 特別給与

問 7.3　実質賃金とは何か。
① 名目賃金を GDP で割ったもの。
② 名目賃金を物価水準で割ったもの。
③ 名目賃金に為替レートをかけたもの。
④ 名目賃金にインフレ率をかけたもの。

問 7.4　完全失業率とは何か。
① 完全失業者を全人口で割ったもの。
② 完全失業者を労働力人口で割ったもの。
③ 完全失業者を 15 歳以上人口で割ったもの。
④ 完全失業者を 15 歳以上 65 歳未満人口で割ったもの。

問 7.5　賃金が硬直的な理由として誤っているものはどれか。
① 賃金を頻繁に改定してはならないとする法律があるから。
② 賃金が下がらないように労働組合による交渉があるから。
③ 最低賃金が決められているから。
④ 労働者が怠けないように企業が高めの賃金を設定するから。

問 7.6　働く意志はあるが自らの望んだ職がすぐには見つからない一時的な失業を何と呼ぶか。
① 自発的失業
② 非自発的失業
③ 摩擦的失業
④ 構造的失業

問 7.7　労働者の持っているスキルと企業が求めるスキルが一致せずに発生する失業を何と呼ぶか。
① 自発的失業
② 非自発的失業
③ 摩擦的失業
④ 構造的失業

問 7.8　失業率と欠員率との関係を表した曲線を何と呼ぶか。
① フィリップス曲線
② ベバリッジ曲線
③ IS 曲線
④ MP 曲線

7　労働市場と失業　　95

第8章
ケインジアン・クロス

- 8.1 閉鎖経済モデルでの乗数効果
- 8.2 比例税の導入
- 8.3 財政政策
- 8.4 節約のパラドックス
- 8.5 開放経済モデルでの乗数効果
- 8.6 SFC モデル

第3章の国民経済計算では，国内総生産（GDP）について学んだ。GDP は一定期間に国内で新たに産み出された生産物（財・サービス）の合計であると同時に，支出の合計でもあり，分配，すなわち所得の合計でもあった。つまり，総生産＝総支出＝総所得という三面等価の原則が成り立つ。私たちが豊かになるかどうかの一つの要因は所得であると考えられるから，GDP は一国の豊かさの指標とみなされることが多いのもうなずける[1]。それでは，GDP はどのように決まるのだろうか。

8.1 閉鎖経済モデルでの乗数効果

本章では，主に短期の経済を想定する。短期とは，物価水準が一定である場合を指す。したがって，特に何か月間の経済を想定するというわけではないが，せいぜい1年程度の経済を考えるものと思えばよい。物価が変動しない状況のことを硬直価格といい，逆に物価が変動する状況を伸縮価格という。

---

[1] ただし，国民一人ひとりの豊かさと見るのは危険である。というのも，一人ひとりが貧しくても人口が多ければ GDP も大きくなりうるからである。そのため，GDP を人口で割った一人あたり GDP で見ることも重要である（13.1 節で詳説する）。また，所得分布が偏っていて，非常に豊かな家計と非常に貧しい家計があったとしても，平均をとってしまうとどちらも見逃されてしまう可能性がある。したがって，GDP はあくまでも豊かさの尺度の一つと見たほうが良さそうである。

96

この経済ではサービスのみを取引していて，在庫や資本は存在しないものと仮定する。第 3 章で学んだように，GDP は支出側から見ると消費支出，投資支出，政府支出，純輸出（＝輸出－輸入）に分けることができる。表記を簡単にするために，支出側の GDP 総額を Y^D，消費支出を C，政府支出を G と書くことにする。ここではサービスのみの取引という前提から，投資支出については無視する。また，とりあえず国内経済のみを考えることとし，純輸出も無視する（このように国内経済だけを考えるモデルを閉鎖経済モデルという）。

$$Y^D = C + G \tag{1}$$

この式の右辺は支出の合計であるから，サービスへの需要の合計を表している。

●消費関数

　消費支出はいつも一定というわけではなく，何らかの要因によって変動する。我々が消費を増やすとき・減らすときに何が起きているか想像してみてほしい。多くの方は，給与が増えれば消費を増やすであろう（その逆に，給与が減ったら節約するだろう）。経済全体でも同じ傾向が見られるため，消費支出は所得の合計である GDP（Y と記す）に依存する[2]。他方で，所得が得られても税を支払った残りしか使うことができないので，租税 T は引かれなければいけない。よって，消費支出は可処分所得 $Y-T$ に比例する。つまり，

$$C = C_0 + c(Y - T) \tag{2}$$

という関係にある。ただし，C_0 は基礎消費（所得に関係なく，生活するのに必要となる消費）である。この式を消費関数という。ただし，傾き c は限界消費性向と呼ばれ，一定であると仮定する[3]。

　限界消費性向の値は 0 より大きく 1 より小さいと考えられている。という

---

[2]　GDP を所得として見ると，雇用者報酬，財産所得，企業所得があるが，企業所得は株価の上昇や将来の配当の増加を通じて株主の所得につながるため，結局は消費に結びつくと考える。

[3]　消費支出は大文字のシー（C），限界消費性向は小文字のシー（c）である点に注意されたい。

8　ケインジアン・クロス　　**97**

のも，私たちは所得が増えたからといって，その全額を消費してしまうわけではなく，ある程度は貯蓄に回すからである。もちろん，お金を借りることで所得が増えた額を超えて消費してしまうような人もいるかもしれないが，お金を貸す人は消費が少なくなるわけだから，経済全体で見ると限界消費性向 c は 1 よりも小さくなる。

興味深い例として，2020 年 5 月以降に新型コロナ対策として日本政府が行った国民全員に対する一人あたり 10 万円の給付を考えてみよう。その結果として家計の消費は増加したが，貯蓄も同時に増えていた。給付金全額を消費してなお資産が不足する家計もあったであろうが，経済全体では所得の増加がそっくりそのまま消費に回ったわけではなかった。つまり，限界消費性向は 1 よりも小さかったわけである。

●有効需要

その他の支出，政府支出 G も現実には変動しうるのであるが，ここでは議論を簡単にするため，一定としておこう。ちなみに，Y や C のようにモデルの中で値の決まる変数を内生変数，G のように固定された変数を（モデルの外で値が決まるため）外生変数という。

さて，(1)式と消費関数を使って分析をしてみよう。消費関数の C は(1)式にもあるので，(2)式を(1)式に代入すると，

$$Y^D = C_0 + c(Y - T) + G$$

という式が得られる。ここで示される Y^D を有効需要という。

この式は，Y^D と Y との関係式として見ることができる。図 8.1 はこれを図示したものである。図の縦軸は有効需要 Y^D を，横軸は総所得（＝GDP）Y を表しており，切片が $C_0 - cT + G$，傾きが c の直線が有効需要である。有効需要の傾きは 1 より小さい。これは，可処分所得の 1 単位の増加に対して消費の増加は c 単位にとどまるからである。

●均衡国内総生産

第 3 章で学んだように，GDP の分配面と支出面は一致する。したがって，

図8.1 有効需要

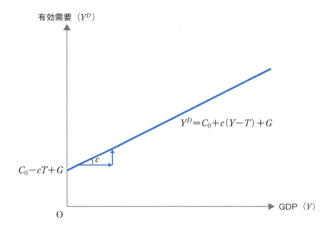

経済の均衡状態では $Y=Y^D$ となる。この関係式を有効需要の式に代入すると，

$$Y=C_0+c(Y-T)+G$$

となる。この式をよく見ると，両辺に Y がある。そこで，右辺の cY を左辺に移項すると，

$$(1-c)Y=C_0-cT+G$$

となる。cY が右辺から左辺に移るときに符号がマイナスになっている点に注意しよう。この式の両辺を $1-c$ で割ると，

$$Y=\frac{1}{1-c}(C_0-cT+G) \tag{3}$$

が得られる。これが**均衡国内総生産**である。

●政府支出増加の効果

この式は Y がどのような要因によって決定されるかを表している。右辺の

[8] ケインジアン・クロス　99

カッコの中の要因，例えば政府支出 G が突然 1 兆円増えると，Y は $1/(1-c)$ 兆円増える。例えば $c=0.6$ であるとすると，$\dfrac{1}{1-0.6}=\dfrac{1}{0.4}=\dfrac{10}{4}=2.5$ となり，2.5 兆円も増えることになる。

　もとの G の増加は 1 兆円なのに，なぜ 2.5 兆円も GDP を増加させるのであろうか。政府支出の増加はまず(1)式から Y を 1 兆円増加させる。すると，所得が 1 兆円増えるため，消費関数から消費支出が c 兆円増える。さらに，この消費支出の増加は(1)式から Y を増加させ，消費支出から C を増加させ……，と無限に続く。つまり，

> G が 1 兆円増加 $\Rightarrow$ Y が 1 兆円増加 $\Rightarrow$ C が c 兆円増加
> $\Rightarrow$ Y が c 兆円増加 $\Rightarrow$ C が c^2 兆円増加
> $\Rightarrow$ Y が c^2 兆円増加 $\Rightarrow$ C が c^3 兆円増加 $\Rightarrow$ $\cdots$

となる。ここで，Y の増加を ΔY，C の増加を ΔC と定義すると（Δ：デルタ（増分を示す）），それぞれ

> $$\Delta Y=1+c+c^2+c^3+\cdots, \qquad \Delta C=c+c^2+c^3+c^4+\cdots$$

と表すことができる。これだけ見ると，ΔY も ΔC も無限大になってしまいそうであるが，

> $$\Delta Y=1+c(1+c^2+c^3+\cdots)$$
> $$=1+c\Delta Y$$

であることに気をつけると，

> $$\Delta Y=\frac{1}{1-c}, \qquad \Delta C=\frac{c}{1-c}$$

と計算できる。つまり，これらは $c\neq 1$ である限り無限大にはならないのである。

● 乗数効果

　以上から，外的要因の増加が 1 兆円ではなく ΔG 円ならば，GDP の増加は，

図8.2 ケインジアン・クロス

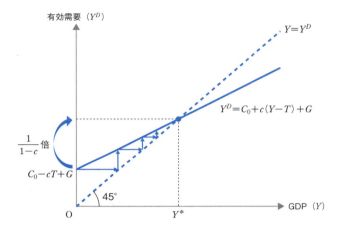

$$\Delta Y = \frac{1}{1-c}\Delta G$$

となる。$1/(1-c)$は乗数と呼ばれている。この場合，政府支出が増加したときの乗数なので，政府支出乗数とも呼ばれる。言い換えると，外的要因が変化すると，その変化に乗数をかけた分だけGDPを増やす。この現象は乗数効果と呼ばれる。先の例を使うと，$c=0.6$ならば乗数は2.5となる。

この過程を図示したのが図8.2である。縦軸の切片から出発した支出は所得を増やし，再び消費支出を増加させる。増加した消費が再び所得を増やし，矢印は右上へと向かっていく。最終的には有効需要と$Y=Y^D$線（45度線）との交点までたどり着く。この交点の値（Y^*）が均衡国内総生産であり，切片の$1/(1-c)$倍になっている。

図8.2はイギリスの経済学者，ジョン・メイナード・ケインズの学説を図示したものであり，2つの直線が交差することからケインジアン・クロスと呼ばれるようになった。また，均衡条件を表す直線$Y=Y^D$が45度線であることから，45度線分析とも呼ばれる。

8.2 比例税の導入

ここまで税は外生的に支払われるように設定されていた。しかし，税は通常，経済活動に比例的に支払われる。例えば所得税や住民税は所得が多いほど多く支払うことになっている。したがって，T は Y に比例すると考えるのが自然であろう。そこで，租税を

$$T = \tau Y$$

と仮定する（τ：タウ）。ただし，$0 < \tau < 1$ は所得税率である。

この式と(2)式を(1)式に代入すると，

$$Y^D = C_0 + c(Y - \tau Y) + G$$

となる。均衡条件 $Y = Y^D$ を用いて Y について解くと，

$$Y = \frac{1}{1 - c(1 - \tau)}(C_0 + G)$$

が得られる。この場合の乗数は $1/[1 - c(1 - \tau)]$ である。乗数は，税率 τ が上昇すると分母が大きくなるため，低下する。つまり，税率が高いとその分だけ可処分所得が減るので消費に回すことのできる所得が減り，GDP を押し上げる力が弱まるのである。

8.3 財政政策

外生要因の中には政府支出 G が含まれていた。有効需要を増加させる意図を持って政府支出を増加させることを財政政策という。財政政策を行うとどれだけ GDP は増加するのであろうか。

何も制約のない場合の財政政策の効果は単純である。8.1 節の政府支出の増加の例と同様に，政府支出を ΔG だけ増やすと，GDP は

$$\Delta Y = \frac{1}{1-c}\Delta G$$

だけ増えることになる。この場合の乗数は財政支出乗数と呼ばれ，何も制約のない場合の財政支出乗数は$1/(1-c)$となる。「制約がない」というのは，政府支出を増やすにあたり増税を要求されることがないという意味である。この場合にはマネーを発行して財政支出を行っていると考えればよい。

●均衡財政乗数

　しかし，現実には政府支出を増やすには政治的に増税を要求されることは多い。そこで，政府支出の増加分と同額の増税を要求された場合（均衡財政）に乗数がどう変わるのかを見てみよう。直観的には，政府支出を増加させて税も同額増加させるわけだから，GDP の増加はゼロになりそうである。有効需要の式で変動するのはΔTとΔGであるから，GDP の変動は，

$$\Delta Y = \frac{1}{1-c}(-c\Delta T + \Delta G)$$

である。ここで，均衡財政では政府支出の増分と税の増分が等しいことから$\Delta T = \Delta G$とすると，

$$\Delta Y = \frac{1}{1-c}(-c\Delta G + \Delta G) = \frac{1}{1-c}(1-c)\Delta G = \Delta G$$

となる。つまり，均衡財政の場合の乗数（均衡財政乗数という）は 1 であることがわかる。言い換えると，政府が均衡財政のもとで政府支出（ΔG）を増加させたとしても，同額の GDP（ΔY）を増加させることができるということである。

8　ケインジアン・クロス　**103**

8.4　節約のパラドックス

　ここまでは限界消費性向 c は一定と仮定してきた。実際，c が毎年大きく変動するとは考えにくいのだが，何らかの要因で限界消費性向が変化した場合についても考えてみよう。2011 年の東日本大震災の直後には多くの犠牲者を悼んだり，原発事故からの放射能を避けたりするために，様々な経済活動が自粛された。また，2020 年のコロナ禍でも感染拡大を防ぐために活動自粛が行われた。こうした行動は限界消費性向を押し下げることになったと考えられる。

　今，家計が節約のために，限界消費性向を小さくするとしてみよう。ほとんどの家計が節約すれば全体の c も小さくなる。すると，先に説明した所得と消費との無限の繰り返しの数字が小さくなる。その結果，乗数 $1/(1-c)$ も小さくなる。仮に外的要因の支出額に変化はなかったとしても，乗数が小さくなると GDP は低下してしまう。GDP は生産だけなく所得と同額であるため，所得が減れば消費も減ることを意味している。

　この経済の貯蓄 S は所得から消費と税を引いた額 $Y-C-T$ である。(1)式に均衡条件を使って式で表すと，

$$S=Y-C-T=G-T$$

となり，S が限界消費性向によらず外生変数の G と T だけで決まってしまう。要するに，個々の家計が節約して貯蓄を増やそうとしても，すべての家計が同じことをすると所得が減るために貯蓄が増えない（場合によっては貯蓄が減ってしまう）ことになる。これを節約（倹約）のパラドックスと呼ぶ。コロナ禍では家計が貯蓄を増やしたようだが，給付のような外的要因が増えなければ家計の所得が同じかそれ以上減ってしまう可能性もあることがわかる。

8.5　開放経済モデルでの乗数効果

　ここまでは議論を簡単にするために閉鎖経済を仮定してきた。ここからは

外国との取引があるものとして開放経済モデルを考えてみよう[4]。(1)式に純輸出 NX を加えて,

$$Y^D = C + G + NX$$

とする。さらに,NX を輸出 X と輸入 M とに分けることにする。

$$NX = X - M$$

輸出は海外の要因によって決定されるため外生変数であると仮定する。他方で輸入は国内要因を反映する。というのも,可処分所得が増加すれば国内製品だけでなく輸入製品も購入することになるからである。したがって,輸入関数

$$M = M_0 + m(Y - T)$$

を仮定する。M_0 は切片,m は 0 から 1 までの値をとる限界輸入性向である。

閉鎖経済の場合と同様に,均衡条件を $Y = Y^D$ として上記の式と(2)式をすべて統合すると,

$$Y = C_0 + c(Y - T) + G + X - M_0 - m(Y - T)$$

となる。これを Y について解くと,

$$Y = \frac{1}{1 - c + m}[C_0 - (c - m)T + G + X - M_0]$$

が得られる。この式では $1/(1 - c + m)$ が乗数である。閉鎖経済の定数と比べて開放経済の乗数は分母が m だけ大きくなっている。つまり,乗数が小さくなっていることがわかる。これは,外生変数である G や X が増加すると可処分所得を増やして Y が増加する一方で,輸入 M も増やしてしまうため,その分 Y が減ってしまうことによる。

---

[4] ここでは国内の要因によって海外の要因が影響を受けることのない,小国開放経済を想定する。

8.6 SFC モデル

第2章でフローとストックについて説明した。ここまではフローとストックの整合性を見ずに，フローのみが変動する経済を見てきた。しかし，経済ではストックとフローとが密接に関わっており，フローの動きはストックの残高に影響し，ストックの残高もフローに影響を与える。この節では，ストックとフローが密接に関わり合うストック・フロー一貫モデル（Stock-Flow Consistent Model, SFC モデル）を扱う。

統合政府はマネーを発行し，税を徴収することも可能であるとする。政府が民間部門からサービスを購入し，マネー H を支払うことで決済が完了する。すると，家計，家計の生産部門，統合政府のバランスシート行列は，表8.1 のようになる。NW^h と NW^g はそれぞれ家計と統合政府の正味資産を表している。

表8.2 は各部門にどのようなフローが発生したのかを表している。支払いはマイナス，受け取りはプラスで表されている。家計部門は，

$$\Delta H = Y - C - T$$

となっている。つまり，$\Delta H = S$ である。生産部門は，

$$Y = C + G$$

となっている。つまり，(1)式である。統合政府は，

$$\Delta H = G - T$$

となっている。これは，政府支出が税によるマネーの徴収を上回れば，民間部門にマネーを供給することを表している。

すると，ここまでで足りないのはマネーの変化がフローに全く影響を与えていないことであることがわかる。そこで，消費関数を以下のように書き換える。

$$C = c(Y - T) + c_2 H_{-1}$$

106

表8.1 バランスシート行列

	家 計	生産部門	統合政府	合 計
マネー	H	0	$-H$	0
正味資産	$-NW^h$	0	$-NW^g$	0
合 計	0	0	0	0

表8.2 取引フロー行列

	家 計	生産部門	統合政府	合 計
消 費	$-C$	$+C$		0
政府支出		$+G$	$-G$	0
所 得	Y	$-Y$		0
税	$-T$		$+T$	0
マネーの変化	$-\Delta H$		$+\Delta H$	0
合 計	0	0	0	0

ただし，H_{-1}は前期末のマネーの残高（ストック）であり，c_2は消費のマネーに対する感応度を表す。この式と(1)式，均衡条件を合わせると，

$$Y = c(Y - \tau Y) + c_2 H_{-1} + G$$

となる。これをYについて解くと，

$$Y = \frac{1}{1 - c(1 - \tau)}(c_2 H_{-1} + G)$$

が得られる。乗数はこれまで（8.2節）と同じである。よって，Gが増えるとYは，

$$\Delta Y = \frac{1}{1 - c(1 - \tau)}\Delta G$$

だけ一時的に増加する。というのも，政府支出の増加によってGDPが増加

すると，貯蓄すなわち家計の保有するマネーの残高（ストック）も増加するはずである。すると，消費関数から消費支出が増加し，GDP はさらに増加することになる。ただし，この過程は前期のマネー H_{-1} の増加によってもたらされる。つまり，上記の乗数は今期には成り立つが，時期以降も GDP を増加させ続けることになるのである。

● Excel によるシミュレーション

　この過程を Excel でシミュレーションしてみよう。まず，準備として以下の操作を行って循環参照ができるようにする。
1. Excel の画面左上にある「ファイル」を押す。
2. 「オプション」をクリックする。
3. 「数式」をクリックする。
4. 「反復計算を行う」チェックボックスをオンにして「OK」をクリックする。

次に，表の 1 期目の値をゼロと入力する。さらに，2 期目の値を図 8.3 のような式で入力する。これらはこれまでの式に対応している。パラメータの値は，$c=0.6$，$c_2=0.4$，$\tau=0.2$ とする（図 8.3 ではそれぞれ a1，a2，tau としている）。

図8.3 Excel への入力（1）

SFC Model			
Period	1	2	
G	0	20	
Y=G+C	0	38.5	=C3+C7
T=tau*Y	0	7.7	=$B$13*C4
YD=Y-T	0	30.8	=C4-C5
C=a1*YD+a2*H_1	0	18.5	=$B$11*C6+$B$12*B10
dH=G-T	0	12.3	=C3-C5
dH=YD-C	0	12.3	=C6-C7
H=dH+H_1	0	12.3	=C9+B10
a1	0.6		
a2	0.4		
tau	0.2		

図8.4 Excelへの入力 (2)

SFC Model					
Period	1	2	3		46
G	0	20	20		20
Y=G+C	0	38.5	47.9		100.0
T=tau*Y	0	7.7	9.6		20.0
YD=Y-T	0	30.8	38.3		80.0
C=a1*YD+a2*H_1	0	18.5	27.9		80.0
dH=G-T	0	12.3	10.4		0.0
dH=YD-C	0	12.3	10.4		0.0
H=dH+H_1	0	12.3	22.7		80.0

図8.5 GDPの推移

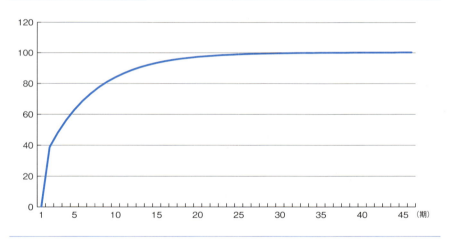

　2期目の式を入力し終わったら，3期目の値を右側にコピーしていく。図8.4は46期までコピーした結果である。財政支出は20のままだが，Yは100に，Cは80に収束していることがわかる。Yの推移をグラフに描いたのが図8.5である。初期時点ではゼロだったGDPが政府支出が行われると一気に増加し，その後ゆっくりと100に向かって収束している。

　次に，このモデルが安定する状態である定常状態について見てみよう。一旦経済にショックが与えられると，それが消費支出やマネーの残高に影響を与える。その影響が一巡して，どの変数も一定になった状況が定常状態であ

る。以下では，変数の定常状態の値にアスタリスク（＊）をつけることにする。例えば，GDP の定常状態（均衡国内総生産）は Y^* である。

定常状態ではマネーの残高は一定で，$\Delta H = 0$ なので，

$$G = T^* = \tau Y^*$$

である。これを Y^* について解くと，

$$Y^* = \frac{G}{\tau}$$

が得られる。つまり，Y^* は財政スタンス（政府支出 G と税率 τ との関係）で決まることになる。定常状態においてはマネーの変動がないため，消費関数にマネーが影響を及ぼさないから，これは直観的な結果である。

● SFC モデルとケインジアン・クロス

本節の議論をまとめると，政府支出の増加は一時的には GDP を増加させ，その期の均衡国内総生産を決める。この値はケインジアン・クロスでも求められたものである。しかし，実際の経済では貯蓄はその後の消費水準にも影響を与えるはずである。そのため，SFC モデルでは前期の貯蓄水準を消費関数に合わせる形でケインジアン・クロスを拡張している。

その結果，GDP は財政スタンスの値（政府支出と税率との関係で表される値）に収束する。8.3 節で述べたようにケインジアン・クロスにおいて財政スタンスは均衡財政の際にのみ実現する値であった。実は，SFC においても均衡財政が実現すると GDP が財政スタンスの値をとる。というのも，定常状態においてはマネーの増減はゼロとなり，政府支出は税収とバランスする，言い換えると均衡財政になっているからである。

◆ 練習問題

問 8.1　限界消費性向の説明として誤っているものはどれか。
① 0 より大きく 1 より小さい値である。
② 可処分所得が 1 単位増加したときに消費支出が何単位増加するかを表す。
③ 租税が増加すると増大する。
④ 消費関数の傾きである。

問 8.2　閉鎖経済で投資支出のない場合において，消費関数が $C = 10 + 0.5(Y - T)$，租税が $T = 5$，政府支出が $G = 6$ であるとする。このとき，均衡国内総生産はどれか。
① 18
② 27
③ 36
④ 45

問 8.3　問 8.2 の条件のとき，政府支出が 1 兆円増加すると国内総生産はいくら増加するか。
① 0.5 兆円
② 1 兆円
③ 2 兆円
④ 5 兆円

問 8.4　問 8.2 の条件で租税のみが $T = 0.6Y$ に変わった場合，均衡国内総生産はどれか。
① 10
② 20
③ 30
④ 40

問 8.5　節約のパラドックスとは何か。
① 個々の家計が貯蓄を増やしても，経済全体の貯蓄は増えないということ。
② 個々の家計が消費を増やしても，経済全体の消費は増えないということ。
③ 個々の家計が投資を増やしても，経済全体の投資は増えないということ。
④ 政府が政府支出を増やしても，国内総生産は増えないということ。

問 8.6　投資支出のない開放経済モデルにおいて，限界消費性向が 0.6，限界輸入性向が 0.1 のとき，乗数は以下のどれか。
① 1

[8] ケインジアン・クロス　111

② 2

③ 3

④ 4

問 8.7 家計，生産部門，統合政府からなる投資支出のない閉鎖経済の SFC モデルにおいて，政府支出が 300，所得税率が 0.5 であるとき，定常状態の国内総生産はどれか。

① 300

② 400

③ 500

④ 600

第9章
IS-MP-IA モデル

- ■9.1 投資支出の導入
- ■9.2 投資関数
- ■9.3 イールドカーブ
- ■9.4 IS 曲線と MP 曲線
- ■9.5 IS-MP モデル
- ■9.6 IS-MP-IA モデル
- ■9.7 IS-MP-IA モデルの問題点

第8章のモデルは数理的に扱いやすく，政策の効果を簡単に見ることができた。しかし，そこでは投資支出を考慮していなかった。実際の投資支出は景気循環に合わせて大きく変動しうる。したがって，投資支出がモデルの中で決まってくるように拡張するのが現実的であろう。また，利子率やインフレについても扱えるようモデルを拡張していく。

9.1 投資支出の導入

この章では投資支出をモデルに導入する。まず，投資支出が導入されると第8章の(1)式は，消費支出 C，投資支出 I，政府支出 G の和として，

$$Y^D = C + I + G \tag{1}$$

となる。まずは純輸出を無視して，閉鎖経済について考えてみよう。（民間）貯蓄 S は総所得 Y から消費支出 C と租税 T を引いたものなので，

$$S = Y - C - T$$

である。均衡では $Y = Y^D$ なので，

113

$$S=(C+I+G)-C-T=I+G-T$$

となる。$T-G$ は政府貯蓄と考えられるので，総貯蓄 S' を，民間貯蓄（S）と政府貯蓄（$T-G$）の和 $S'=S+(T-G)$ で表すと，

$$S'=I$$

が得られる。この式は，閉鎖経済においては，投資支出をまかなうのは貯蓄であることを表している。この関係は貯蓄投資バランスあるいは IS バランスと呼ばれている。

●開放経済の場合

次に，開放経済で同様の計算をしてみよう。(1)式に純輸出 NX を加えることで

$$Y^D=C+I+G+NX$$

となる。民間貯蓄の式は開放経済でも同じなので，

$$S=(C+I+G+NX)-C-T$$

である。政府貯蓄を書き換えてまとめると，

$$S'-I=NX$$

が得られる。これが開放経済での IS バランスである。総貯蓄と投資支出の差額は純輸出になっている。つまり，国内の投資支出で使い切れない貯蓄が海外の資産に回されていることを表している。あるいは，左辺がマイナスであれば総貯蓄以上に投資をしていることになり，その不足分は海外から資金を得ていることになる。

IS バランスで注意が必要なのは，これらが必ず成り立つ式である恒等式のみから成り立っているため，因果関係を表しているわけではない点である。例えば，純輸出がマイナスなのは国内の投資支出が多すぎるのが原因だ，と考えてはならない。

9.2 投資関数

次に,投資支出がどのような変数に影響を受けるのか検討する。簡単化のため,ここからしばらくは物価水準は一定であると仮定する。企業の設備投資や在庫投資には相応の資金が必要となる。通常,企業は借入等の資金調達によってその初期コストをまかなう。初期コストに対して設備投資による利益が何倍かを表すと,

> 利益＝$(1+\rho)\times$初期コスト

となる。ただし,ρ(ρ：ロー)は投資の限界効率と呼ばれる[1]。利益が大きい投資プロジェクトは当然,投資の限界効率も大きい。そこで,経済全体で投資の限界効率が大きい順に並べた図を描いてみると,図 9.1 のようになる。投資プロジェクトは図の左から大きい順に並んでいるので,横軸は投資総額

図9.1 投資支出の決定

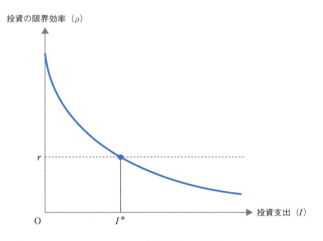

---

[1] 利益が多期間にわたって得られる場合には,

$$初期コスト = \frac{利益 1}{1+\rho} + \cdots + \frac{利益\, n}{(1+\rho)^n}$$

を満たす ρ が投資の限界効率となる。

と考えることができる。

　それではこの図の中で投資支出 I はどこに決まるのであろうか。企業は初期コストをかけて投資プロジェクトを実行するが，初期コストには利子率がかかる。したがって，投資の限界効率が利子率以上にならないと初期コストをかける意味がない。すると図9.1では投資の限界効率の曲線と利子率の水準とが交わるところ（I^*）まで投資プロジェクトが実行されることになる。つまり，社会的に最適な投資支出 I は利子率に依存して決まることになる。

●実質利子率

　ここで注意が必要なのは，企業が意思決定に利用する「利子率」は借入の際などに提示されるそのままの利子率（名目利子率という）ではなく，インフレ率を考慮した利子率であるという点である。企業が名目利子率2%で借入をした場合にインフレ率も2%であるとすると，返済の際にインフレのせいで2%収入が多くなり返済が楽になってしまう。したがって，将来のインフレ率（現在から見れば予想インフレ率）を加味した利子率である実質利子率 r は，

> $r=$名目利子率－予想インフレ率

と定義される。この章では，原則として実質利子率を「利子率」と呼ぶことにする。

●投資関数

　利子率が低い場合には資金を容易に借り入れることができるのに対し，利子率が高い場合には資金調達は困難になる。このことから，投資支出は利子率に対して負の相関を持つことが想像される。利子率とは言っても様々な満期の利子率が存在するため，n 年満期（$n=1,\cdots,N$）の利子率を r_n とすると，投資関数は，

> $I=I_0-b_1 r_1-b_2 r_2-\cdots-b_N r_N$

と表される。ただし，b_n は投資の利子率に対する感応度である（$b_n>0$）。I_0 はすべての利子率がゼロであるときの投資支出である。

9.3 イールドカーブ

ところで，n 年満期の利子率 r_n はどのように決まるのであろうか。r_1 から r_N までを並べて図にしたのが図 9.2 である。これはイールドカーブ（利回り曲線）と呼ばれる。満期が同じでも様々な利子率が存在するので，ここでは国債の利回りを用いた。横軸は満期までの期間である残存期間を表す。

利子率ではなく「利回り」と呼ぶ理由は，債券の総合的な「もうけ」を考えるためである。債券は一定期間ごとにもらえる利子と，満期になったときにもらえる額面の 2 つの要素からなっている。したがって，一定期間ごとにもらえる利子の割合である利子率だけでなく，債券を買ったときの価格と額面との差額の割合も考慮に入れなければならない。この 2 つを同時に考慮したもうけの割合が利回りである。

イールドカーブは右上がりになる傾向がある。右上がりのイールドカーブは順イールドと呼ばれ，逆に右下がりになる場合は逆イールドと呼ばれる。

●イールドカーブの決定要因

イールドカーブの形状はどのようにして決まるのであろうか。この議論に

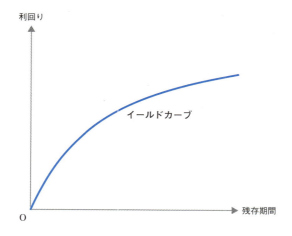

図9.2　イールドカーブ

は大きく３つの仮説が存在する[2]。１つ目は，純粋期待仮説と呼ばれるものである。２年間債券で運用しようとするならば（２年債という），まず１年満期の債券で１年運用し，次にもう一度１年満期の債券で１年運用するのともうけは変わらないはずだとする考え方である。すると，事前の段階では将来の１年間の利回りはわからないので予想（期待）を立てることになる。２年債の場合は，その利回りが「１年目の１年債の利回り」と「２年目の１年債の利回りの予想」の平均に等しくなると考えられる。

　２つ目は，流動性プレミアム仮説と呼ばれるものである。債券を購入するということは一定期間その分のお金が使えなくなるということである。お金はすぐに支払いに使えるという利便性（流動性）があるが，それを犠牲にして債券を買っているので，購入者は見返り（プレミアム）を要求することになる。プレミアムは債券の残存期間が長ければ長いほど高くなると考えられるので，イールドカーブは順イールドになる傾向があると考えられる。

　３つ目は，市場分断仮説あるいは特定期間選好仮説と呼ばれるものである。利子率は資金の需要と供給によって決まる。需要者と供給者はそれぞれの満期ごとに存在していて同じとは限らない。例えば，満期の短い市場では銀行が主な役割を担っているのに対し，満期の長い市場では生命保険会社の役割が大きい。満期ごとに市場のプレーヤーが異なるのであれば，利回りも満期ごとに分断して決められることになると考えられる。

　純粋期待仮説が成り立つのであれば，短い期間の利回りとそれ以外の利回りとは関連していることになる。利子率の中でも最も注目されるものの一つは，中央銀行が誘導する短期金利である。これは政策金利と呼ばれる。政策金利 r とそれ以外の金利が関連していると考えると，投資関数は，

$$I = I_0 - br$$

と簡略化することができる（$b>0$）。つまり，投資支出は政策金利と負の関係にあるということである。

---

[2] 詳細は服部（2019）を参照されたい。

9.4 IS 曲線と MP 曲線

● IS 曲線

投資関数の準備が済んだので，第 8 章のモデルと組み合わせてみよう。これ以降は閉鎖経済について考察する[3]。消費関数は，第 8 章の (2) 式と同じく

$$C = C_0 + c(Y - T)$$

とする。本章の (1) 式に消費関数と投資関数を代入すると，

$$Y^D = C_0 + c(Y - T) + I_0 - br + G$$

となる。均衡条件 $Y = Y^D$ を代入して Y について解くと，

$$Y = \frac{1}{1-c}(C_0 - cT + I_0 - br + G)$$

が得られる。これは，国内総生産 Y が政策金利 r と負の関係にあることを表している。この式を IS 曲線と呼ぶ。IS 曲線の式はケインジアン・クロスの式（第 8 章の (3) 式）と似ていることに気づくであろう。実は，投資支出を導入してもケインジアン・クロスのカッコの中身が増えるだけである。ただし，その中身には利子率があり，r が上がると Y は小さくなり，r が下がると Y は大きくなる。

図 9.3 はケインジアン・クロスと IS 曲線を図示したものである。図の上部に示したケインジアン・クロスは上で述べたように投資支出の分だけ切片が上がっている。また，利子率が変化すると切片も変化する。一方，図の下部には IS 曲線が描かれている。Y が横軸なので少々混乱するが，切片は横軸上にある。IS 曲線は右下がりの曲線である。直線なのに「曲線」と呼ぶ理由は，投資関数を直線として特定化せずに曲線であることを認めて一般化した場合（$I = I(r)$）でも，同様の分析ができるからである。

図 9.3 では，政府支出 G を増加させたときに何が起こるのかが示されてい

---

[3] 開放経済の IS-MP-IA モデルについてはこの本のレベルを超えるので割愛する。興味のある読者は Romer（2013）を参照されたい。

9　IS-MP-IA モデル　**119**

図9.3 ケインジアン・クロス（上）とIS曲線（下）

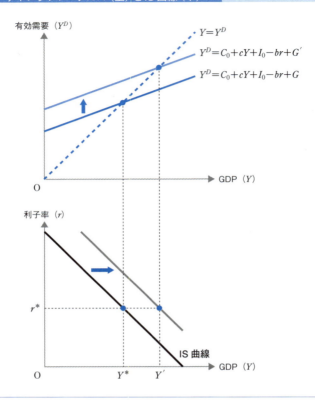

る。まず，G の増加とともに有効需要の切片が上昇する。すると，交点は右に移動する。この変化は利子率が所与のもとで政府支出が増加しているので，下の図では IS 曲線が右にシフトしている。その他の変数の変化，例えば C_0 や I_0 の変化も同様にして IS 曲線をシフトさせる。

● MP 曲線

　IS 曲線は GDP と利子率との関係を表しているが，これだけではどこに GDP が決まるのかがわからない。そのため，もう一つ Y と r との関係を表す式が必要である[4]。ここまでは財・サービス市場のみを見てきたが，利子率を決定するもう一つの市場は金融市場である。特に，政策金利 r を決めてい

図9.4 MP曲線

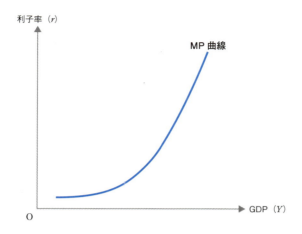

るのは中央銀行である。中央銀行は，GDPとインフレ率の2つの指標を見ながら政策金利を決定していると考えられている。つまり，

$$r = r(Y, \pi)$$

という関係である。ただし，πはインフレ率である。中央銀行は経済にとって適切なGDPとインフレ率の水準の目標を持っており，GDPが上がるとそれを抑えようと政策金利を上げ，GDPが下がるとそれを引き上げようと政策金利を下げる。同様に，インフレ率が上がると政策金利を上げ，インフレ率が下がると政策金利を下げる。ただし，この節では物価は一定なので，インフレ率はゼロである。

図9.4はこの式を図に表したものである。金融政策（monetary policy）を表した曲線なので，MP曲線と呼ばれる。通常，MP曲線は右上がりである。もちろん，中央銀行の金融政策の方針によって傾きは変わりうる。インフレ率のみに注目し，GDPを全く気にしない中央銀行のMP曲線は水平になる。短期的には金融政策は大きくは変わり得ないので，MP曲線が水平になると

4 　以下のモデルの内容はRomer（2013）による。

考えることもできる。しかし一般的には中央銀行は GDP に反応するので，MP 曲線は Y が高くなるほど r も高くなると考えられる。

MP 曲線は金融政策の方針を表しているから，中央銀行が金融政策の方針を変更すれば MP 曲線はシフト（平行移動）する。例えば，同じ GDP のもとでより敏感に GDP の変化に対応するよう政策変更するならば，MP 曲線は政策金利が高い方向，つまり上方にシフトするだろう。逆に，GDP にあまり反応しない方向に政策変更した場合には，MP 曲線は下方にシフトする。

9.5　IS-MP モデル

2 つの曲線を用いて分析を行ってみよう。IS 曲線と MP 曲線を用いて利子率と GDP との関係を分析する枠組みを，IS-MP モデルと呼ぶ。図 9.5 は同じ平面上に IS 曲線と MP 曲線を描いたものである。IS 曲線だけでは決まらなかった r と Y との関係は，MP 曲線との交点で決まることになる。この交点 E を均衡点と呼ぶことにする。

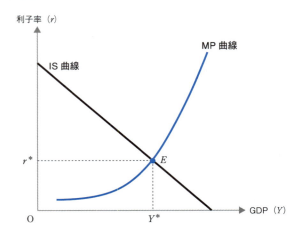

図9.5　IS-MP モデル

図9.6 クラウディング・アウト

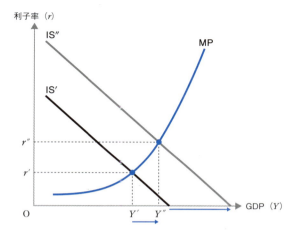

●財政政策の効果

　前節で見たように，財政政策（政府支出の増加）によってIS曲線は右にシフトする。この場合，均衡点は右に移動する。したがって，利子率は上昇し，GDPは増加する。このような変化が起きる理由は，政府支出の増加が乗数効果によってGDPを増加させるのに対して，その増加を緩やかにしようと中央銀行が政策金利を上昇させるからである。注意してほしいのは，IS曲線のシフトの幅ほど均衡点の移動の幅は大きくないという点である（図9.6）。これは，GDPの増加に対して中央銀行が政策金利を引き上げるために，企業が投資支出を手控えるようになるためである。このように，IS曲線のシフトによって利子率が上昇し，IS曲線のシフトの幅ほどGDPを増やさないことをクラウディング・アウトという。

　財政政策と金融政策は，政府と中央銀行が協調することによって，同時に行われることがある。これはIS-MPモデルでは，IS曲線の右シフトとMP曲線の下方シフトが同時に起きることに相当する。これをポリシー・ミックスと呼ぶ。IS曲線の右シフトは利子率の上昇を伴ってクラウディング・アウトを引き起こしたが，金融政策の変更を伴えば，すなわちMP曲線の下方シフトがあれば利子率を上昇させずに済む。したがって，ポリシー・ミックス

のもとではクラウディング・アウトなしに，GDP を大きく増加させることが
可能になる。

9.6　IS–MP–IA モデル

　ここまでは物価水準が一定であると仮定して分析を進めてきた。第 8 章で
も説明したように，物価水準が変動しないことを硬直価格と呼ぶ。これに対
して，現実の経済では長期的には物価水準は変動しうる。物価水準が変動す
ることを伸縮価格と呼ぶ。この節では伸縮価格の場合に IS–MP モデルがど
のように拡張されるのかを見ていくことにする。これまで出てきた変数で伸
縮価格の際に変化しうるのはインフレ率である。つまり，インフレ率が変動
した場合に何が起きるのかを考えるというわけである。

　IS 曲線はインフレ率と関連がなかったが，MP 曲線はインフレ率の関数で
あった。そのため，インフレ率が変化すると MP 曲線はシフトすることにな
る。GDP を所与とした場合，インフレ率が高くなると中央銀行はそれを抑え
ようと利子率を引き上げる。つまり，MP 曲線は上方にシフトする。インフ
レ率が低くなった場合には逆に中央銀行は利子率を引き下げることになるの
で，MP 曲線は下方にシフトする。

　この変化を描いたのが図 9.7 である。上の図ではインフレ率が上昇し，
MP 曲線が上方にシフトした場合に，均衡点が IS 曲線に沿って左上に移動
する様子が描かれている。これをインフレ率と GDP との関係から見たのが
下の図である。インフレ率が上昇すると，金融政策がより引き締め気味にな
り（政策金利が上昇し），投資支出を抑制するため GDP が減少する。したが
って，IS–MP 曲線から導き出されるインフレ率と GDP との関係は，負の関
係であることになる。この右下がりの曲線を AD（総需要，aggregate
demand）曲線という。

　AD 曲線はインフレ率と GDP との関係を描いたもので，それだけではイ
ンフレ率は決定されない。そこで，インフレ率はある時点では GDP とは関
係なく一定の値に与えられ，時間が経過するとゆっくり調整されると仮定す

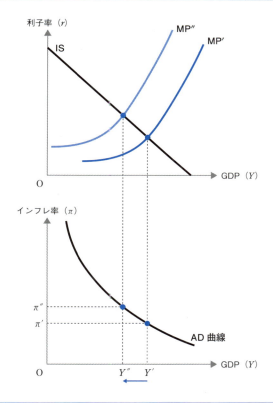

図9.7 AD曲線

る。図9.8はこうしたインフレの調整を描いている。当初，インフレ率はIAの位置にあるが，時間が経つにつれてIA'に移動する。この線をインフレ調整（inflation adjustment, IA）線と呼ぶ。IA線の動きは図9.8の$\bar{Y}$で止まる。これは自然国内総生産（自然GDP，潜在GDP）であり，生産要素（労働や資本）を最大限に利用して得られるGDPの水準である。

この水準を超えたところにAD曲線とIA線の交点（均衡点）があった場合，インフレ率は徐々に高まり，最終的には自然GDPとAD曲線との交点（長期均衡点）にあるインフレ率にまで到達する。それに合わせてGDPも自然GDPの水準にまで移動する。均衡点が自然GDPよりも左側にあるとき，すなわちIA線が上方にある場合には，GDPは自然GDPよりも低い水準にあ

⑨ IS-MP-IAモデル **125**

図9.8 IS-MP-IA モデル

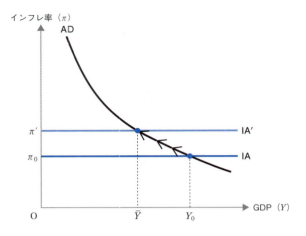

り，インフレ率が徐々に下がって，自然 GDP の水準で止まることになる。このように IS 曲線，MP 曲線，IA 線を用いてインフレ率と GDP との関係を分析する枠組みを，IS-MP-IA モデルと呼ぶ。

●財政政策とインフレ率

財政政策を行った場合，IS-MP モデルでは IS 曲線が右にシフトして GDP を増加させた。この変化は AD 曲線を右にシフトさせる（図9.9）。すると，GDP は増加するが自然 GDP から離れてしまうので，IA 線が徐々に上昇する。それに伴ってインフレ率も上昇し，最終的には長期均衡点まで IA 線は上昇することになる。この過程を IS-MP モデルに戻って考えてみよう。財政政策が IS 曲線を右にシフトさせたことによりインフレ率が上昇する。インフレ率の上昇は MP 曲線をシフトさせ，MP 曲線は上方へと移動していく。この変化は自然 GDP の水準まで続いて終了する。結果として，GDP は自然 GDP 水準に戻り，利子率とインフレ率の上昇をもたらすことになる。

●金融政策とインフレ率

金融政策を行った場合についても考えてみよう。すでに説明したように，

図9.9 財政政策の効果

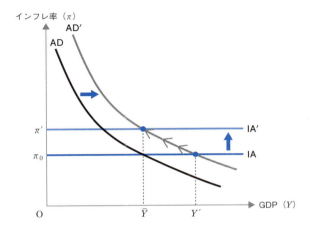

図9.10 金融政策の効果

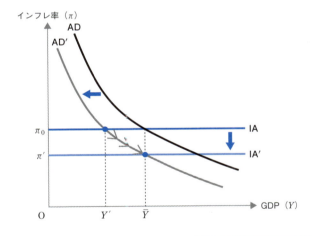

　インフレ率が変化しないまま，金融政策の方針のみ引き締め（政策金利を上げる）方向に変化した場合，MP曲線は上方にシフトする。これによって，GDPは減少する（図9.7）。この変化はAD曲線を左にシフトさせる（図9.10）。GDPが自然GDPから離れてしまうので，IA曲線が下にシフトを始

9　IS-MP-IAモデル　　**127**

めてインフレ率が低下していく。この変化は新しい長期均衡点まで続くことになる。この過程を IS-MP モデルに戻って考えてみよう。金融政策の方針変更により MP 曲線は上方シフトしていたが，インフレ率が低下したために政策金利を下げる方向に，つまり下方に MP 曲線はシフトを続ける。この動きは自然 GDP に達するまで続く。結果として，GDP と政策金利は元の水準に戻り，インフレ率が低下することになる。

9.7 IS-MP-IA モデルの問題点

　IS-MP-IA モデルは 3 つの曲線で利子率，GDP，インフレ率を統一的に扱うことのできる単純で便利な枠組みである。しかし，問題点がないわけではない。

　第 1 に，IS 曲線は政策利子率に対して単純な負の関係があるとは限らない。企業は借入利子率が上がっても経済の見通しが良ければ設備投資のために借入を増やすかもしれない。また，政策金利と様々な利子率とが同じ方向に動くとは限らない[5]。そうすると，IS 曲線は単純な右下がりとは限らないし，場合によっては部分的に右上がりかもしれない。

　第 2 に，MP 曲線では実質利子率を扱ったが，中央銀行が実質利子率をコントロールできるとは限らない。中央銀行の政策金利は本来名目利子率である。名目利子率をコントロールできるとしても，予想インフレ率をコントロールできなければ実質利子率をコントロールすることはできない。予想インフレ率は家計や企業が将来どの程度のインフレになるかを予想するものだが，これまでの中央銀行の経験から見てもこれをコントロールすることは難しい。したがって，MP 曲線は安定的な曲線だとは言えないかもしれない。

---

[5] Ellingsen and Soderstrom（2001）は様々な金利が政策金利に対して異なる反応をすることを示している。

◆ 練習問題

問 9.1　貯蓄投資バランスの説明として正しいのはどれか。
① 開放経済においては貯蓄と投資の和が国内総生産と等しくなる。
② 閉鎖経済においては貯蓄と投資の和が国内総生産と等しくなる。
③ 開放経済においては貯蓄と投資が等しくなる。
④ 閉鎖経済においては貯蓄と投資が等しくなる。

問 9.2　イールドカーブの説明として誤っているものはどれか。
① 残存期間の小さい順に利回りを並べたもの。
② 利回り曲線と呼ばれる。
③ 一般的に右上がりになる傾向がある。
④ 右下がりのときは順イールドと呼ばれる。

問 9.3　イールドカーブの決定要因の説明として誤っているものはどれか。
① 期間の長い債券の利回りは，その長さの 1 年債の利回りの期待値で決まる。
② 一定期間換金できない見返りとしてイールドカーブの形状は決まる。
③ インフレ率の将来動向によってイールドカーブの形状は決まる。
④ それぞれの期間の市場の需給によって利回りが決まる。

問 9.4　IS 曲線の説明として正しいものはどれか。
① 右上がりである。
② 政府支出が増えると左にシフトする。
③ 限界消費性向の大きさによって傾きが変わる。
④ 利子率と投資支出との関係を表す曲線である。

問 9.5　MP 曲線の説明として正しいものはどれか。
① 右下がりである。
② GDP への政策の反応具合によってシフトする。
③ 財政政策を表す曲線である。
④ 利子率と消費支出との関係を表す曲線である。

問 9.6　IS-MP モデルにおいて財政政策（政府支出の増加）を行うとどうなるか。
① IS 曲線が右にシフトする。
② IS 曲線が左にシフトする。
③ MP 曲線が右にシフトする。
④ MP 曲線が左にシフトする。

9　IS-MP-IA モデル　**129**

問 9.7 IS-MP-IA モデルにおける AD 曲線の説明として正しいものはどれか。

① 右下がりである。

② 硬直価格のもとで導出される。

③ IS 曲線が MP 曲線上をシフトすることにより導出される。

④ 利子率と国内総生産との関係を表す曲線である。

問 9.8 IS-MP-IA モデルにおいて財政政策（政府支出の増加）を行うとどうなるか。

① AD 曲線が左にシフトして IA 線が上にシフトする。

② AD 曲線が右にシフトして IA 線が上にシフトする。

③ AD 曲線が左にシフトして IA 線が下にシフトする。

④ AD 曲線が右にシフトして IA 線が下にシフトする。

第10章

財政政策

- ■ 10.1 財政政策のおさらい
- ■ 10.2 政府の信用創造
- ■ 10.3 政府支出の仕組み
- ■ 10.4 ジョブ・ギャランティー
- ■ 10.5 ベーシック・インカム

　すでに学んだように，景気を浮揚させたり経済成長をもたらすために政府支出を増加させたりすることを財政政策という。財政政策はGDPを押し上げる効果があると考えられ，経済政策として魅力的に見える。しかし，この章では，理論的にも現実的にも通常の財・サービスを購入するだけの財政政策には限界があることを学ぶ。そのうえで，どのような財政政策が代替案となりうるのかについて議論する。

10.1　財政政策のおさらい

　ここまでの章で財政政策についてはいくつか学んできた。財政政策を行うことによって何が生じるのか振り返ってみよう。

　ケインジアン・クロスでは，財政政策を行うことによりGDPが政府支出の乗数倍だけ増加した。これは，政府支出により所得が増えると消費の増加を引き起こし，その消費が再び所得を増加させることにより消費が増加するという，所得と消費の無限の繰り返しを発生させるからであった。したがって，政府がGDPを増加させようとするならば政府支出を増加させればよい，つまり財政政策を行えばよいということになる。

　続いて，IS-MP-IAモデルでは（自然GDPから出発すると），財政政策を行うと当初はケインジアン・クロスと同様にGDPの増加を引き起こすが，

131

GDP が中央銀行の目標とする水準を超えると中央銀行は金利を引き上げるため，GDP の増加の程度が抑えられる。さらに，財政政策は AD 曲線をシフトさせるため，IA 線の上昇をもたらしインフレ率が高まる。この変化はGDP が自然 GDP に達するまで続き，高いインフレ率だけが残ることになる。

IS-MP-IA モデルはケインジアン・クロスの過程を含んでいるため，短期的に見れば（言い換えれば，物価水準が一定とみなせる期間であれば）ケインジアン・クロスの状態が実現すると考えられる。すなわち，財政政策は一旦は GDP を押し上げる効果を持つ。しかし，物価水準が変動する期間である長期で考えると，GDP は自然 GDP 水準に戻ってしまい，高インフレが残るだけとなる。このことから，財政政策は自然 GDP を下回っているような場合に実行することで経済を回復させることができるとも考えられる。

10.2　政府の信用創造

第 4 章では税が政府支出の元手になるのではなく，政府支出が税の元手になることを学んだ。これは，統合政府において政府預金は政府と中央銀行とのバランスシートの間で相殺され，税として中央銀行当座預金から政府預金に振り返られたとしても，統合政府においては中央銀行当座預金が減るだけだからである。

それでは，税が政府支出の元手でないとしたら，どのように政府支出を行うのであろうか。実は，政府は銀行と同じように信用創造を行うことができるのである。このことをバランスシートを用いて考えてみよう。

民間部門が自動車を保有しており，これを政府が購入する場合について考える（図 10.1）。まず，政府は中央銀行に対して国債を発行し，政府預金を手にする（図 10.2）。現実には，日本銀行は国債の直接引き受けを行うことは法律上できないが，政府が民間部門に対して発行した国債を日本銀行が金融市場で買い取れば同じである。

決済手段を手にした政府は自動車を購入し，政府預金から中央銀行当座預金（図の中銀当預）へと振替を行う（図 10.3）。これでは政府が借用証書（国

132

図10.1 政府の信用創造(1)

図10.2 政府の信用創造(2)

図10.3 政府の信用創造(3)

債)を背負ったままに見えるが　統合政府で考えると国債は相殺され，負債の部には中央銀行当座預金のみが残る（図10.4）。つまり，統合政府は中央

図10.4 政府の信用創造（4）

銀行当座預金を発行して自動車を購入したことになる。国債は常に中央銀行によって買い取られるわけではないが，理論上はこのようなことが可能なのである。日本では2013年以降，日本銀行が大量の国債を買い入れていたため，事実上図10.4のように統合政府で見て中央銀行当座預金を発行して政府支出していたとみなすことができる。

統合政府が中央銀行当座預金を発行して政府支出することが可能だとしても，民間部門から無制限に財・サービスを購入してよいということにはならない。すでに10.1節で学んだように，長期的に見れば財政政策はインフレを招くことになるからである。したがって，財政政策は許容可能なインフレ率になる程度に行わねばならない。

●機能的財政と財政の3つの機能

特に，財政政策は歳入を気にするのではなく，その結果に着目して行う必要がある。このような考え方を機能的財政という。財政には3つの機能があると言われる。1つ目は，資源配分機能と呼ばれるものであり，市場の失敗のある財を政府が供給しようとする機能である。市場の失敗は，市場で取引されないが経済主体に影響を与える（外部不経済）ような財や，他者の消費を抑制できない財（公共財）などがある場合である。前者の場合，例えば公害などを抑制する支出を行ったり，後者の場合，例えば国防を行ったりする。

2つ目は，所得再分配機能である。資本主義経済においては競争的な取引

により，平均よりもはるかに多額の所得を得る者や，逆に少ない所得しか得られない者が生じやすい。競争が激しければ激しいほど，競争に勝った者に所得は集中し，負けた者は所得が得られなくなってしまう。こうした所得の不平等を改善するために，低所得者に対して生活保護や様々な補助金を供給したり，失業者に対して失業給付を支出したりする。健康で文化的な最低限度の生活を送るために必要な所得を給付するというだけでなく，競争に敗れた者に再びチャレンジする環境を作るためにも必要な支出である。

3つ目は，経済安定化機能である。消費支出は比較的安定している一方で，投資支出は大きく変動する傾向にある。すると投資支出の増減が乗数効果によって増幅されて景気を上下させることがある。また，第12章で見るように，金融要因によって景気が変動することもありうる。いずれにしても家計の意図しないところで景気は変動してしまい，所得が減ったり，悪い場合には失業したりする。こうした景気変動による不都合を解消するために，政府が支出を行う。例えば，失業給付を行ったり，景気対策に財政支出を増やしたりする。こうすることで，経済を安定化しようとするのである。

10.3　政府支出の仕組み

それでは，実際にはどのように政府支出の額が決まるのかを見ていこう（図10.5）。まず，財務省が予算の上限となる概算要求基準（シーリング）を内閣に提示して，内閣がそれを承認する。次に，前年度の9月頃，概算要求基準に従って各省庁で次年度の予算の要求額である概算要求が決められる。財務省との折衝の後，決められた概算要求が内閣によって閣議決定される。これが政府案となる（前年度12月頃）。政府案は国会に提出され，予算委員会で審議が行われる。その後，予算が認められれば予算成立となり，次年度に執行される。

こうした過程を経るということは，1年度の政府支出を増加させるには概算要求基準が制限となってくることがわかる[1]。つまり，どんなに政府支出を増加させようとしても，前年度に天井は決まってしまっているのである。

図10.5 政府予算の決定

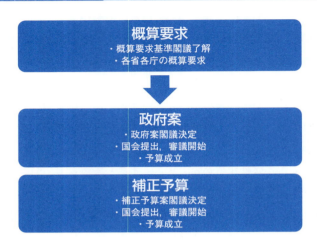

　しかし，全く道が残されていないわけではなく，会計年度中に補正予算を組むことも可能である[2]。新たに支出が必要となった場合には補正予算案が内閣で決定され，国会の審議を経て予算成立となる。補正予算は早ければ1か月程度で成立するが，前年度に予算を決めている以上は何度も補正予算を組むというわけにはいかない。新型コロナウイルスの感染拡大で混乱した令和2年度（2020年度）でも3回（4月，6月，1月）の補正予算が組まれたのみである。したがって，財政政策は景気変動に対して比較的早く対応できるものの，回数は限られる。

　また，予算成立の過程からもわかるように，政府支出は必要な支出がある場合のみ予算が組まれる。景気浮揚に財政政策が必要だからといって，不要な自動車を何台も買うというわけにはいかない。国民に必要な支出があるからこそ予算が組まれるのである。このことから，景気変動を均すために政府支出を増減させるということは，実務上は難しいと言える。

　それならば税制を柔軟に変えればよいではないかと思われるかもしれない

---

[1] 予算には地方交付税交付金，年金・医療費等のほかに，裁量的経費，義務的経費があり，裁量的経費については支出を減らすことができる。
[2] 令和2年度（2020年度）には，会計年度が始まってすぐの4月7日に補正予算が閣議決定された。

が，税制改正も手続きに時間がかかる。まず，与党の税制調査会が「税制改正の大綱」を内閣に提出し，これを閣議決定する（通常 12 月）。次に，これに沿って作成された国税の改正法案を国会で審議し，可決されれば法案成立となる。さらに，税制には施行日が決められているので，その決められた日以降に税制が効力を持つようになる。よって，税制も機動的に改正するというわけにはいかない。

10.4　ジョブ・ギャランティー

　政府支出はインフレ率が許容可能である限り行うことが可能であるならば，どのような財政政策を行うべきなのであろうか。10.2 節で見たように，そもそも政府支出は必要とされる事業に使われるべきである。景気循環に応じて，不景気ならば購入し，好景気ならば購入しない財・サービスがあるとすると，その財・サービスの売れ行きは景気に左右されてしまうだろう。そのため，通常の財・サービスを財政政策として購入するのは市場経済にとって悪手である。

　それではどのようなものを不景気の際に購入すべきなのであろうか。支出すべきなのは，不景気のときに余っていて，好景気のときに不足するものである。その典型的なものは労働力である。労働力は不景気の際には失業として現れ，有効な資源が使われない状態となる。好景気の際には失業率は低下し，労働力が無駄なく使われるようになる。そこで，政府は求職者が必要とすれば必要とするだけ職を用意し，公的に雇えばよいと考えられる。このような公的事業をジョブ・ギャランティー（就業保証）という。ジョブ・ギャランティーを行えば，不景気の際には民間部門で解雇された，あるいは職が見つからなかった求職者はジョブ・ギャランティーで働くことができ，好景気の際にはジョブ・ギャランティーを辞めてより賃金の高い民間部門の職を見つければよい[3]。

---

[3]　日本では現在，ジョブ・ギャランティーのような事業は行われていないが，過去に似たような例（1925 年の失業応急事業，1949 年施行の緊急失業対策法による事業など）は存在した。

10　財政政策　**137**

●ジョブ・ギャランティーの利点

　ジョブ・ギャランティーにはいくつかの利点がある。第１に，ジョブ・ギャランティーの給与は事実上の最低賃金となる。ジョブ・ギャランティーは好景気の際にも職を提供するので，民間部門で賃金の低い職についている労働者はその職を辞めてジョブ・ギャランティーを選ぶことができる。ということは，ジョブ・ギャランティーよりも賃金が低い企業には労働者は集まらないことになる。

　第２に，労働力という資源を無駄なく有効に使うことができる。不況の問題点の一つは，失業という資源の遊休状態を生み出してしまう点である。失業率を限りなく低くできるという点においてジョブ・ギャランティーは有効である。

　第３に，景気循環を均すことができる。好景気の際にはジョブ・ギャランティーはあまり利用されないので政府支出は減り，不景気の際にはジョブ・ギャランティーが多く利用されるので政府支出が増加する。

　第４章の税の役割の際にも紹介したが，ジョブ・ギャランティーもまた景気を均すビルトイン・スタビライザーとしての機能を持っている。

●ジョブ・ギャランティーの問題点

　ジョブ・ギャランティーにも問題がないわけではない。第１に，どのような仕事を用意すべきかという問題がある。ジョブ・ギャランティーは政府が地方自治体に運営を任せて，地域ごとに必要とされる仕事を用意することが考えられている。例えば，地域の清掃作業や植樹などが考えられるかもしれない。しかし，そうした仕事を地方自治体が十分に用意できるのかどうか，実務的には不明である。

　第２に，景気循環に応じて仕事を用意するということは，それらのサービスの供給も景気に左右されるということである。地域の福祉に関連する仕事が景気の悪いときに増え，景気の良いときに減るということはあまり適切とは言えないであろう。

10.5　ベーシック・インカム

　政府支出の使い道としてもう一つ提唱されているのが，ベーシック・インカム（あるいはユニバーサル・ベーシック・インカム）である。ベーシック・インカムとは，住民一人ひとりに同額の所得を供与するというものである。その所得額は生活に必要とされる最低限の額であり，生活が営める額である。こうすれば，失業している人も生活に困ることはない。その一方で，裕福な人々にとってみれば微々たる収入であるので，生活に影響が出ることはない。ベーシック・インカム以上に豊かな暮らしをしたい者は職を探して働けばよい。こうすることで，すべての人が必要最低限の暮らしを手に入れることができるというのである。

●ベーシック・インカムの利点

　ベーシック・インカムの利点は，第1にすべての人々に必要最低限度の生活を保証できる点にある。生活保護やジョブ・ギャランティーは，求めなければ必要な所得を得ることができない。それに対してベーシック・インカムは必要としていようがいまいが所得が供給される。もちろん，所得が十分に高い者が受け入れを拒むことができるように設計することも可能であろう。

　第2に，失業を極めて低く保つことができる。ベーシック・インカムの所得のみで満足する者は労働市場から退出しているので，失業者ではない。ベーシック・インカムを超える生活をしたいと考えて初めて求職者となり，労働市場に参入することになる。

●ベーシック・インカムの問題点

　他方で，ベーシック・インカムにも短所はある。第1に，ベーシック・インカムで満足する者がいる一方で，ベーシック・インカムを超える所得を得ようと働いている労働者にもベーシック・インカムは与えられているため所得の二重取りとなってしまう。このことが所得格差を広げる原因になりうる。

　第2に，労働力人口の減少を招き，人手不足が深刻になりうる。ベーシック・インカムで満足する者は低所得者層であるが，本来低所得者層が担って

いた仕事はベーシック・インカムの導入によって人手不足に陥る。人は賃金
だけで仕事を決めているわけではないので、こうした仕事の賃金を上げてい
くだけで人手不足が解消されるかどうかは未知数である。特に、人々の生活
を支えるのに必要不可欠な仕事であるエッセンシャルワーカーで人手不足に
なると、社会基盤がゆるぎかねない。

第3に、インフレを招く恐れがある。生活に十分な所得を人々が得られる
一方で人手不足になるということは、賃金を上昇させてしまい、結果的に
財・サービスの価格に転嫁されてしまうからである。インフレになると生活
に最低限必要とされるベーシック・インカムの額も上昇し、さらなるインフ
レを招くことにもなりかねない。

◆ 練習問題
問 10.1　財政の機能として誤っているものはどれか。
① 市場ではうまく供給されない財を供給する機能。
② 金利を上下させて投資支出をコントロールする機能。
③ 低所得者に補助金を支給して所得を均す機能。
④ 景気変動を抑える機能。

問 10.2　政府予算決定のプロセスの順に並べ替えなさい。
① 予算が成立し執行される。
② 概算要求基準が内閣に提示される。
③ 各省庁で概算要求が決められる。
④ 内閣によって概算要求が閣議決定される。

問 10.3　税制改正のプロセスの順に並べ替えなさい。
① 施行日に施行される。
② 国会で審議し可決される。
③ 税制調査会が「税制改正の大綱」を内閣に提出する。
④ 内閣で閣議決定される。

問 10.4　ジョブ・ギャランティーの特徴として正しいものはどれか。
① 給与は賃金の上限となる。
② 好景気のときに労働市場から労働力を吸収する。

③ 景気に対してビルトイン・スタビライザーの機能を持っている。

④ 労働力という資源を増加させることができる。

問 10.5　ベーシック・インカムの特徴として正しいものはどれか。

① 給付額が最低賃金となる。

② 人々に労働を促し，労働供給が増える。

③ 低所得者の所得を支える一方，高所得者の所得を低くする。

④ インフレを招く恐れがある。

10　財政政策　**141**

第 11 章
金融政策

- ■11.1 金融政策のおさらい
- ■11.2 金融市場調節の仕組み
- ■11.3 中央銀行の信用創造
- ■11.4 非伝統的金融政策

　金融政策はこれまでも学んできたように，中央銀行の行う政策である。金融政策は英語でmonetary policy と表記され，マネーに関する政策であることがわかる。しかし実際には，（中央銀行の）マネーを変化させることによって名目利子率をコントロールするのが通常である。ただし，目標がマネーそのものであることもあり，政策の種類は様々である。この章では，金融政策の効果と運営方法，その種類について詳しく見ていくことにしよう。

11.1　金融政策のおさらい

　ここまでの章で金融政策についてはすでにいくつか学習してきた。この節では理論的に金融政策がどのような効果を持つのか復習してみよう。

　IS–MP モデルでは，金融政策は MP 曲線として表された。9.4 節で述べたように MP 曲線は中央銀行が GDP とインフレ率の 2 つを見て政策金利を決定することを示したものであり，それぞれが変化すると政策目標である短期金利が変化する。GDP が増加した場合には景気を沈静化させるために利子率を引き上げ，投資支出を抑え込もうとする。図 9.6 を参考に見ていただくとわかるように，IS 曲線が右にシフトした場合がこれに当たり，IS 曲線とMP 曲線との交点は右上に移動する。図 9.7 を参考に見ていただくとわかるように，インフレ率が高まった場合も同様で，インフレ率を引き下げるために利子率を引き上げ，投資支出を抑制し，GDP を減少させようとする。

142

MP 曲線は利子率と GDP との関係を表す曲線であるので，その他の要因が変化するとシフトすることになる。上記のようにインフレ率はその一つであるが，中央銀行が金融政策に対するスタンスを変えた場合にも MP 曲線のシフトは生じうる。例えば，自然 GDP に照らして増加傾向のため，これまでよりもより一層 GDP の変化に厳しく対応すると中央銀行が決めた場合には，MP 曲線の傾きが急になったり，左にシフトしたりする。インフレ率に対する対応が変わった場合にも同様の変化が生じる。

IS–MP–IA モデルにおいては，IS 曲線と MP 曲線との交点から AD 曲線が描かれる（図 9.7）。インフレが生じると MP 曲線は左にシフトしたが，この動きによって均衡点は IS 曲線上を左上に移動する。つまり，インフレが生じると金融政策によって GDP が減少するのである。この動きをインフレ率と GDP との関係として見たのが AD 曲線であり，縦軸をインフレ率，横軸を GDP とした場合，右下がりの曲線として描ける。

インフレ対策のため金融政策の GDP に対する対応が厳しくなると AD 曲線は左にシフトする（図 9.10）。これは，インフレ率を所与として，これまでよりも利子率を引き上げて GDP を引き下げようとするためである。しかし，インフレ率が低下することによって中央銀行は利子率を引き下げるようになり，GDP も回復していく。長期的には GDP は自然 GDP の水準に戻ることになる。このように，金融政策は GDP とインフレ率の 2 つの目標（デュアル・マンデート）があり，それぞれが目標水準になるように政策金利をコントロールしていると考えられている。

●政策金利のコントロール

IS–MP–IA モデルでは実質利子率をコントロールすると仮定されているが，実際には中央銀行は名目利子率をコントロールする。現実の中央銀行の政策金利のコントロールはおおむね以下のような 1 つの式で表せると考えられている。t 期の名目利子率を i_t とすると

$$i_t = \pi_t + r_t^* + a_\pi(\pi_t - \pi_t^*) + a_y(y_t - \bar{y}_t)$$

となる。ただし，π_t はインフレ率，r_t^* は望ましい実質利子率，π_t^* は望ましい

インフレ率，y_t は（対数を取った）GDP，$\bar{y}_t$ は自然 GDP である。これを提唱者の名前からテイラー・ルールと呼ぶ。当初テイラー・ルールは金融政策の望ましい例を表したものであったが，実際の金融政策のデータからパラメータ（a_π や a_y）を推定することで政策分析に頻繁に用いられている。

　この式の右辺の π_t を左辺に移項すれば，左辺は実質利子率となるため，IS-MP-IA モデルの MP 曲線になる。テイラー・ルールを簡単に述べるならば，インフレ率（あるいは GDP）が望ましい水準より高くなったら名目利子率を引き上げよう，というものである。そうすることで，（実際に実現するかどうかはわからないが）高金利がインフレ（あるいは GDP）を沈静化させ，望ましい水準に引き戻すであろうと考えられている。

11.2　金融市場調節の仕組み

　ここまでで中央銀行が利子率を操作することを学んできた。通常，日本銀行が操作するのは今日借りて明日返す，翌日物（オーバーナイト物）と呼ばれる金利で，その中でも特に金融機関同士が短期資金を取引するコール市場の金利である無担保コール翌日物金利（以下，コールレートと呼ぶ）を操作する。この利子率を政策目標とするのは，高い精度でコントロールすることが可能だからである。金融政策で決定した利子率を維持するために金融市場に働きかけることを金融市場調節あるいは単に金融調節という。

●日本銀行当座預金の需要

　金融市場調節は日本銀行当座預金（日銀当預）を増減させることによって行われる。金融機関は日銀当預を２つの理由から需要する。一つは，金融機関同士の決済に必要だからである。我々が金融機関を通じて支払いを行う場合には，同じ金融機関の口座同士であればその金融機関内で決済が終了するが，そうでない場合（他の金融機関への振込）には日銀当預が関係する。他行あての振込が行われると，その通知は全銀システムと呼ばれる金融機関同士を中継するシステムへと転送されて，どの金融機関からどの金融機関へい

144

くら支払うことになるのかが計算される。そうしてまとめられた情報が日銀に送られ，日銀当預で決済が行われる。

2つ目は，金融機関が保有する預金に一定の比率を乗じた額を日銀当預として保有しなければならない制度があるからである。この額は所要準備と呼ばれ，預けることが法律で決められている。この制度は準備預金制度と呼ばれる。

●日本銀行当座預金の増減要因

また，日銀当預は2つの理由から増減する。一つは，民間部門が通貨の引き出しを行う場合である。我々がATMで現金を引き出す場合，ATMには現金が用意されている。その現金が少なくなると，あるいは引き出しが多いことが予想されると金融機関は日銀当預から現金を引き出してATMに用意する。引き出される現金が少ない場合はその逆で，日銀当預に現金が預け入れられる。すると，日銀当預は増減する。これを銀行券要因という。

2つ目は，政府と民間との資金のやり取りがあるためである。例えば，年金の支払いや公共事業の支払いなど政府支出が行われる場合，日銀の政府預金から日銀当預に振替が行われる。また，民間部門が税を支払うとその逆の動きが起こる。これらは財政等要因と呼ばれている。このようなことから，日銀当預は日々増減している。

個別の金融機関については，資金決済を行うと日銀当預が増減する。A銀行がB銀行に支払いを行う場合，A銀行が保有している日銀当預口座からB銀行の日銀当預口座へと振替が行われる。これによりA銀行の日銀当預は減少し，B銀行の日銀当預は増加するが，日銀当預の総額は変わらない。したがって，日銀は金融調節を行う場合にこのような資金決済の要因を考慮する必要はない。

銀行券要因と財政等要因の合計は資金過不足と呼ばれる。

銀行券要因＋財政等要因＝資金過不足

資金過不足は毎営業日，日銀のウェブページで公表されている。

図11.1 通貨需要と通貨供給

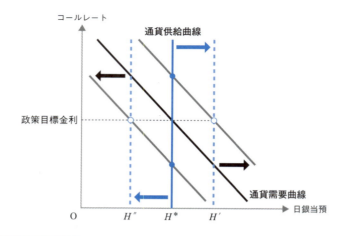

●日銀当預とコールレートとの関係

図 11.1 は日銀当預とコールレートとの関係を示している。日銀当預は所要準備を超えた金額（超過準備）に利子がつくので，コール市場とライバル関係にある。コールレートが高い場合には日銀当預の需要は減り，低い場合には日銀当預の需要は増える。よって，日銀当預の需要を表す通貨需要曲線は右下がりとなる。

一方，日銀当預の供給元である日銀はコールレートとは関係なく日銀当預を供給できる。日銀は日銀当預が必要と考えれば，金融市場の資産を一時的に買う取引をしたり，金融機関に貸出を行ったりして資金を供給する。これを資金供給のためのオペレーション（資金供給オペ）という。

また，日銀当預が過剰と考えれば，手持ちの資産を売ったり，一時的に売る取引をしたりして資金を吸収する。これを資金吸収のためのオペレーション（資金吸収オペ）という。これらのオペはコールレートとは関係なく行うことが可能なので，通貨供給曲線は垂直になる。通貨需要曲線と通貨供給曲線とが交わるところでコールレートと日銀当預の均衡が決まる。資金供給オペ，資金吸収オペについてはすでに第 4 章で述べたが，以上がより詳しい説明となる。

先に述べたように日銀当預の需要は日々変化するので，通貨需要曲線は右や左にシフトする。図 11.1 のように通貨需要曲線が右にシフトした場合，均衡点が上にずれるため，コールレートに上昇圧力がかかる。こうした動きを日銀はつぶさに見ており，通貨需要曲線の右シフトに合わせて通貨供給曲線を右にシフトさせる（つまり資金供給オペを行う）。すると，コールレートは政策目標に戻ることになる。通貨需要曲線が左にシフトした場合には，日銀は通貨供給曲線を左にシフトさせ（つまり資金吸収オペを行う），やはりコールレートを政策目標と一致させる。このような取引が金融調節であり，日銀は日々日銀当預をコントロールしている。

●日銀当預増減

日銀当預は資金過不足および金融調節によって変化する。そのため，この合計は日銀当預増減と呼ばれて公表されている。

> 資金過不足＋金融調節＝日銀当預増減

金融調節および日銀当預増減も日銀が毎営業日ウェブページで公表している。

実際に日銀当預増減がどのように公開されているか見てみよう。表 11.1 は 2024 年 4 月 1 日の日銀当座預金増減要因と金融調節である。この日の金融調節実施前の予想では，銀行券要因が 600，財政等要因が−15,400 だったのに対し，速報・確報ではそれぞれ 700，−14,700 となっており，おお

表11.1　日銀当座預金増減要因と金融調節

	予　想	速　報	確　報
銀行券要因	600	700	700
財政等要因	−15,400	−14,700	−14,700
資金過不足	−14,800	−14,000	−14,000
金融調節	+42,600	−1,800	−1,800
当座預金増減	+27,800	−15,800	−15,800

（出所）　日本銀行「日銀当座預金増減要因と金融調節」より抜粋。

11 金融政策　**147**

むね予想通りとなっている。一方，金融調節は予想よりも資金吸収気味であった。そのため，日銀当預増減は予想とは異なり，速報・確報では日銀当預が減少して終わった。

11.3　中央銀行の信用創造

　第5章では銀行の信用創造を，第10章では統合政府の信用創造を学んできたが，ここでは中央銀行の信用創造について考えてみよう。中央銀行は金融市場調節によってマネタリーベースを供給するが，その際の取引はどうなっているのであろうか。まず民間部門が国債を保有している場合を考える（図11.2）。次いで，中央銀行による国債の買い入れが行われ，その支払いとして中央銀行当座預金に振込が行われる（図11.3）。

　注意していただきたいのは，この決済の際にどこからも資源を持ってきていない点である。中央銀行は単に，自らの負債項目である中央銀行当座預金に決済金額をコンピュータでキーを押す（キー・ストロークする）のみである。したがって，中央銀行が何かを買い入れて中央銀行当座預金に振込を行

図11.2　信用創造の前

図11.3　信用創造の後

えば信用創造を行っていること なるのである。

11.4　非伝統的金融政策

●ゼロ金利政策と量的緩和政策

　ここまでは政策金利をコントロールするだけの伝統的金融政策について見てきたが，伝統的金融政策には問題点がある。利子率を下げる金融政策を行い続けると，利子率がゼロに達してしまい，それ以上下げられないことになってしまう。これはゼロ金利政策と呼ばれ，実際，1999 年 2 月から日銀が度々採用してきた政策である。

　利子率がゼロになってしまってコールレートが政策手段として使えなくなってしまってからは，新たな政策が採用されるようになった。まず，日銀は2001 年 3 月から政策目標をコールレートではなく，日銀当預残高にしようとした。日銀当預が増えれば金融機関は潤沢な資金を手にすることができ，安定した経営や貸出の増加につながると考えられた。これは，これまでの「率」ではなく「量」をコントロールすることから，量的緩和政策（QE）と呼ばれた。

●量的・質的金融緩和とマイナス金利政策

　また，2010 年 12 月からは国債等，通常買い入れてきた金融資産に限らず，上場投資信託（ETF）などのリスクの高い資産も買い入れるようになった。これは資産買入政策と呼ばれる。この政策は当初は株式市場の乱高下を防ぐ目的で導入されたが，株式市場が落ち着いてからも継続され，株価を下支えする役割を果たしていたと見られている。

　また，2013 年 4 月からは上記に加え，国債の大量買い入れなどを通して日銀当預の増加率を目標として掲げる政策が採られた。これは，量的・質的金融緩和（QQE）と呼ばれる。さらに 2016 年 2 月からは，日銀当預にプラスの利子率ではなくマイナスの利子率を付すことによってコールレートをマイナスに誘導するというマイナス金利政策を追加した，マイナス金利付き

⑪　金融政策　**149**

量的・質的金融緩和も行われた。

　日銀当預にマイナスの利子率を付すとなぜコールレートがマイナスになるのであろうか。金融機関は日銀当預として資産を保有するか，コール市場で貸し出すかを選択できる。日銀当預の利子率がマイナスになってしまうと日銀当預を保有するよりもコール市場で運用したほうが良いことになる。コール市場ではそのような貸し手があふれてしまい，低い金利でも貸そうとするだろう。その際の金利がマイナスになったとしても，日銀当預のマイナス金利に達しなければ損は少なくて済む。したがって，コールレートもマイナスになり，その下限が日銀当座預金のマイナス金利となるのである。

●イールドカーブ・コントロールとその後

　これでも物価水準が上がらず政策効果が出なかったため，日銀は 2016 年 10 月から操作目標を金利に戻し，短期金利だけでなく 10 年物国債の金利まで操作する，長短金利操作付き量的・質的金融緩和を行うようになった。長短金利操作はイールドカーブ・コントロール（YCC）とも呼ばれる。以前は，日銀はウェブページでも，長期金利は市場の力によって決まるのであって，長期金利をコントロールすることは難しいとしていた。しかし，10 年物国債の利回りがマイナスに突入するようになり，異常な低金利が実現するようになったことから，日銀は 10 年物金利も操作の対象とするようになった。

　YCC の導入後は 10 年物の金利もゼロ付近で落ち着くようになり，その効果が見られた。ところが，2022 年に入り，他の国々が金利を正常化するようになってくると，国債を借りて売る「空売り」を行って金利が上がった（国債価格が低下した）ところで買い戻す取引が盛んに行われるようになり，10 年物金利に上昇圧力がかかるようになった。それでも日銀は YCC を継続した上で，徐々に目標とする上限金利を引き上げる政策を採るようになった。そして，2024 年 3 月にマイナス金利政策，YCC，資産買入政策などをやめ，コールレートをコントロールする政策に復帰した。膨らんだマネタリーベースを減少させる政策は量的引き締め政策（QT）と呼ばれ，QE を行った国々では QT が検討されたり，実際に行われたりしている。

　以上のようなコールレートのみをコントロールする政策以外の政策は非伝

150

統的金融政策と呼ばれる。非伝統的金融政策がどれほどの効果を持つのかについては未だに学界で議論が行われている。このようにその効果がわからない状況で頻繁に非伝統的金融政策を行うのは躊躇されるため，各国の中央銀行は経済が平時に戻る（インフレ率がある程度高まる）と政策金利を引き上げて，伝統的金融政策の枠内で政策が行える余地を残しておこうとしている。

◆ 練習問題

問 11.1　中央銀行の政策金利のコントロールを表す式を何と呼ぶか。
① テイラー・ルール
② フリードマン・ルール
③ チェーン・ルール
④ ラムゼイ・ルール

問 11.2　日本銀行が操作する金利はどれか。
① 有担保コール翌日物金利
② 無担保コール翌日物金利
③ 有担保コール３カ月物金利
④ 無担保コール３カ月物金利

問 11.3　金融政策で決定した利子率を維持するために金融市場に働きかけることを何というか。
① 金融調整
② 市場調整
③ 金融調節
④ 市場調節

問 11.4　日本銀行の資金過不足とは何か。
① 銀行券要因と資金決済要因の和
② 財政等要因と資金決済要因の和
③ 資金決済要因と金融市場要因の和
④ 銀行券要因と財政等要因の和

11　金融政策　**151**

問 11.5　日本銀行が金融機関に貸出をしたり，金融資産を買い入れたりする操作を何というか。
① 資金吸収のためのオペレーション
② 資金余剰のためのオペレーション
③ 資金供給のためのオペレーション
④ 資金需要のためのオペレーション

問 11.6　日銀の量的緩和政策は何をコントロールしようとしたか。
① 日銀当預
② マネーストック
③ 貸出残高
④ GDP

問 11.7　非伝統的金融政策に当てはまらないものはどれか。
① マイナス金利政策
② イールドカーブ・コントロール
③ 量的・質的金融緩和
④ コールレートのコントロール

第12章

景気循環と経済危機

- 12.1 景気循環
- 12.2 景気循環の理論
- 12.3 経済危機
- 12.4 経済危機の理論

なぜこれまでの章では経済政策を行うことを検討してきたのであろうか。それは，景気が加熱しすぎたり停滞したりすることで国民が不利益を被るからであろう。例えば景気の加熱はインフレを招く恐れがあるし，景気の停滞は失業率の悪化につながる。したがって，政府・中央銀行は財政・金融政策を使ってこれを均そうとするのである。ところで，ここでいう「景気」とは何なのであろうか。また，景気が急激に悪化するとどうなるのであろうか。一般的にもよく使われる「景気」という言葉をこの章ではマクロ経済学の視点で読み解いていくことにしよう。

12.1 景気循環

「景気」という言葉はよく使われるが，曖昧な言葉でもある。「景気が良い」という表現は個人としてそう感じているのか，経済全体で客観的にそう判断されるのかはっきりしない。そこでこの節では，個々人が感じている「景気」と経済全体で観察される「景気」とを分けて考えてみよう。

●短観の業況判断 DI

企業，家計など，個別の経済主体の感じる「景気」を寄せ集めることで，集計された景気を表すことができる。民間企業を対象に調査を行い，企業が景気が良いと考える場合はプラス1，悪いと考える場合はマイナス1を振り，

153

図12.1 短観の業況判断DI

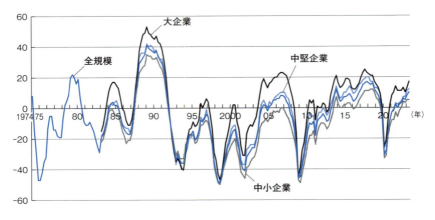

（出所）日本銀行「短観（全国企業短期経済観測調査）」

それぞれの割合の差を求めるのが，日本銀行が公表する「短観（全国企業短期経済観測調査）」のディフュージョン・インデックス（DI）である。短観の業況判断 DI の質問では，企業に業況が「良い」「さほど良くない」「悪い」の 3 つの質問をしている。「良い」が 30%，「悪い」が 25% いる場合，業況判断 DI は 30％ － 25％＝5％ となる。

図 12.1 は短観の業況判断 DI を表している。1980 年代後半から 1990 年代はじめにかけて比率が大きく上昇しているのがバブル景気の時期である。その後は全企業規模で見ると 20 ％を超える時期はない。企業規模別に見ると，大企業の業況判断は一貫して高めであり，次いで中堅企業，最も低いのが中小企業という傾向にある。いずれの指標も長期・短期の違いはあっても上下動を繰り返している。こうした景気の上下動を景気循環と呼ぶ。

景気循環には最も景気が良くなった期間である「山」と，最も悪くなった期間である「谷」とがある。景気循環はこの山と谷を繰り返す。こうして眺めてみると上下動が繰り返されているだけに見えるかもしれないが，それぞれの山と谷にはドラマがあるのであり，一つ一つ原因や結果を調べることが重要である。

図12.2　景気ウォッチャー調査の現状判断DI

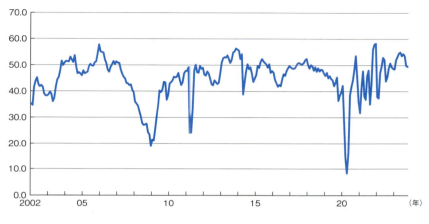

(出所)　内閣府「景気ウォッチャー調査」

●「景気ウォッチャー調査」の現状判断DI

　専門家にアンケートをとる統計もある。内閣府の「景気ウォッチャー調査」は全国12地域の景気について観察できる立場にある人々にアンケートを取ってDIを作成している。この調査では家計動向，企業動向，雇用について景気の状況判断を聞き，それらの合計のDIを作成している。図12.2は「景気ウォッチャー調査」の現状判断DI（季節調整値）を表している。「景気ウォッチャー調査」は比較的新しい調査であり，2002年からデータが取れる。このDIは2002年から2005年までは上昇傾向であるが，2006〜08年にかけて次第に景気が悪くなっていることが分かる。また，2020年にも大きな落ち込みが見られる。全体として短観のDIよりも変動が大きい傾向がある。

●景気動向指数

　次に，経済全体で観察される「景気」についても見てみよう。通常，景気循環によく用いられる指標は，内閣府の公表する景気動向指数である。景気動向指数の主なものはコンポジット・インデックス（CI）と呼ばれるもので

12　景気循環と経済危機　　**155**

表12.1 景気動向指数採用系列

	採用系列
先行系列	最終需要財在庫率指数（逆サイクル），鉱工業用生産財在庫率指数（逆サイクル），新規求人数（除学卒），実質機械受注（製造業），新設住宅着工床面積，消費者態度指数，日経商品指数（42種総合），マネーストック（M2）（前年同月比），東証株価指数，投資環境指数（製造業），中小企業売上げ見通しDI
一致系列	生産指数（鉱工業），鉱工業用生産財出荷指数，耐久消費財出荷指数，労働投入量指数（調査産業計），投資財出荷指数（除輸送機械），商業販売額（小売業，前年同月比），商業販売額（卸売業，前年同月比），営業利益（全産業），有効求人倍率（除学卒），輸出数量指数
遅行系列	第3次産業活動指数（対事業所サービス業），常用雇用指数（調査産業計，前年同月比），実質法人企業設備投資（全産業），家計消費支出（勤労者世帯，名目，前年同月比），法人税収入，完全失業率（逆サイクル），きまって支給する給与（製造業，名目），消費者物価指数（生鮮食品を除く総合，前年同月比），最終需要財在庫指数

（出所） 内閣府「景気動向指数の利用の手引」(https://www.esri.cao.go.jp/jp/stat/di/di3.html)

あり，様々な経済指標の変化率の平均を指数化したものである[1]。景気動向指数は，景気に先んじて変動する先行指数，景気と連動して変動する一致指数，景気から遅れて変化する遅行指数の3つがあり，それぞれが系列としてまとめられている。

表12.1にあるように，先行系列には2つの在庫率指数，マネーストック，株価指数などが含まれており，これらが景気よりも前に動くと考えられている。一致指数は，生産指数や出荷指数，有効求人倍率などで構成され，これらが景気と歩調を合わせて変動するとみなされている。遅行系列は家計消費支出，完全失業率，消費者物価指数などからなり，これらが景気から遅れて変動するとされている。

興味深いのは，失業率やインフレ率（消費者物価指数の変化）のように政策目標となるような変数は，景気から遅れて変化する点である。つまり，失業率やインフレ率が改善していれば景気が良くなっているわけではないということである。

図12.3はこれら3つの指標の推移を表したものである。定義通り，先行

---

[1] 実際の計算は非常に複雑であるので，景気動向指数のウェブページを参照されたい。

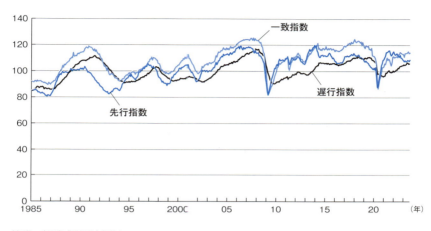

図12.3 景気動向指数（CI 指数、2020 年＝100）

（出所）内閣府「景気動向指数」

指数は一致指数よりも早く変動する傾向にあり，遅行指数は一致指数から遅れて変化しているように見える。このようなことから，これらの指数を用いて景気の山と谷の位置を判断できる。

● 景気基準日付

　内閣府経済社会総合研究所は，1951 年以降の景気循環の日付を景気動向指数を元にして設定している。表 12.2 はその景気循環の日付を表している。図 12.2 からも観察できるように，景気の拡張期間は後退期間よりも長い傾向にある。つまり，景気の拡大は緩やかに起こるのに対し，景気の収縮は一気に起きる傾向があるということである。

12.2　景気循環の理論

　景気循環はただ偶然に上がったり下がったりを繰り返しているのではなく，何らかの原因によって変動していると考えられている。景気循環は経済学に

[12]　景気循環と経済危機　　**157**

表12.2　景気基準日付

	循　環			期　間		
	谷	山	谷	拡　張	後　退	全循環
第1循環		1951年6月	1951年10月		4か月	
第2循環	1951年10月	1954年1月	1954年11月	27か月	10か月	37か月
第3循環	1954年11月	1957年6月	1958年6月	31か月	12か月	43か月
第4循環	1958年6月	1961年12月	1962年10月	42か月	10か月	52か月
第5循環	1962年10月	1964年10月	1965年10月	24か月	12か月	36か月
第6循環	1965年10月	1970年7月	1971年12月	57か月	17か月	74か月
第7循環	1971年12月	1973年11月	1975年3月	23か月	16か月	39か月
第8循環	1975年3月	1977年1月	1977年10月	22か月	9か月	31か月
第9循環	1977年10月	1980年2月	1983年2月	28か月	36か月	64か月
第10循環	1983年2月	1985年6月	1986年11月	28か月	17か月	45か月
第11循環	1986年11月	1991年2月	1993年10月	51か月	32か月	83か月
第12循環	1993年10月	1997年5月	1999年1月	43か月	20か月	63か月
第13循環	1999年1月	2000年11月	2002年1月	22か月	14か月	36か月
第14循環	2002年1月	2008年2月	2009年3月	73か月	13か月	86か月
第15循環	2009年3月	2012年3月	2012年11月	36か月	8か月	44か月
第16循環	2012年11月	2018年10月	2020年5月	71か月	19か月	90か月

（出所）　内閣府「景気基準日付」(https://www.esri.cao.go.jp/jp/stat/di/hiduke.html)

おいてどのように考えられてきたのであろうか。

● RBC 理論

　マクロ経済のミクロ経済学的側面を重視する新古典派と呼ばれる学派は，景気循環が供給面から生じると考え，労働，資本，その他の３つの要因に景気循環を分析する手法を確立した。その結果，ソロー残差と呼ばれるその他の要因が景気循環に重要な役割を果たしていると結論づけた。ソロー残差は全要素生産性（TFP）とも言い換えられ，労働，資本に次ぐ生産要素である生産技術とみなされ，技術要因が景気循環を駆動すると考えられた。つまり，生産技術の向上によって好景気が生まれ，生産技術の低下によって不景気に

陥るというわけである。このような考え方を実物的景気循環（リアル・ビジネス・サイクル，RBC）理論という。RBC理論は実証的に非常に強力であり，景気循環の様々な局面を説明できると考えられてきた。また，数学的にもエレガントで扱いやすいという性質から数々の経済分析に用いられた。

●フィナンシャル・アクセラレーター

しかし，金融機関の経営悪化や資産市場の価格低下などがきっかけとなって景気後退が見られることもしばしばあることが指摘されてきた。これは生産技術では説明のつかないことである。資産価格の低下によって資産を保有する経済主体の純資産が減少し，負債の返済の見込みが危うくなると，借入金利に割り増し分（プレミアム）を要求されるようになる。こうなると経済主体は借入を減らさねばならず，景気に悪影響が出る。すると，最初に戻って資産価格がさらに低下することになる。景気が良くなるときはこの逆である。

このようなスパイラルが景気を駆動するという考え方をフィナンシャル・アクセラレーターと呼ぶ。フィナンシャル・アクセラレーターは金融市場を介して景気が変動する側面をよく捉えている。

●政治的景気循環理論

他方で，景気は政治とも関連しているかもしれない。政治家が選挙を意識したり実際に選挙前になったりすると，当選を目標として有権者に有利な政策，つまり景気を拡大する政策を採ろうとするであろう。すると，選挙が近づくたびに景気が加熱することが予想される。このような考え方を政治的景気循環理論という。この理論に基づくならば，潜在GDPを超えて景気が加熱することもありうる。また，選挙が終われば政府支出が抑制され，潜在GDPを下回る景気後退が見られることもあるだろう。

12 景気循環と経済危機　　**159**

12.3 経済危機

景気循環はときに非常に大きな変動をもたらすことがある。特に，景気循環には度々大きな景気後退が見られる。これは，経済危機と呼ばれる。以下では経済危機の代表的な例を見ていこう。

経済危機で最も世界に影響を与えた例の一つは 1929 年から数年間にわたり景気後退をもたらした大恐慌である。発端は米国で起きた株式市場の大暴落であり，それが景気を悪化させ，大量の失業を生み，世界中に波及した。日本では昭和恐慌と呼ばれる経済危機を引き起こした。

1971 年に始まった第 4 次中東戦争の影響から石油輸出国機構（OPEC）が石油価格を引き上げたことで世界中に影響を与えた石油危機（オイルショック）も大きな経済危機であった。特に，石油価格の高騰はあらゆる財・サービスに波及し，世界的なインフレーションを引き起こし，経済も急激に後退した。

日本では 1980 年代後半に起きた資産価格の高騰，いわゆるバブルと 1990 年代はじめのバブル崩壊が経済危機につながった。資産価格バブルは旺盛な金融機関貸出に支えられていたが，それを抑制する総量規制が実施されると，貸出による資金供給が滞り，バブルは一気に弾けてしまった。バブル崩壊により資産価値が急落すると，投資家は運用が行き詰まっただけでなく担保価値も失った。こうしてますます金融機関は貸出を控えるようになり，これまでの貸出も返済の見込みが立たず不良債権問題が発生した。資産価値の下落と貸出の抑制の悪循環が続き，投資が抑制されることで景気は一気に冷え込んだ。

2000 年代後半には，アメリカの不動産バブルが崩壊し，その影響から住宅ローンを担保とした様々なタイプの資産が焦げ付いた。これらの資産は世界中の金融機関に買われていたため，世界金融危機に発展した。その過程でアメリカの大手投資銀行リーマン・ブラザーズをはじめたくさんの金融機関が経営破綻し，その一部を政府が救済しなかったこともあって，危機は深刻さを増していった。資産価格の下落は消費や投資の収縮にもつながり，大不況と呼ばれる経済危機を引き起こした。

表12.3　1800年以降の日本の経済危機

	銀行危機	通貨危機	インフレーション危機
年	1872〜76年	1864年	1829年
	1882〜85年	1893〜94年	1833年
	1901年	1924年	1836〜37年
	1907年	1932年	1850年
	1917年	1939年	1858年
	1923年	1945年	1861年
	1927年	1947年	1864〜66年
	1992〜2001年	1949年	1869年
		1951年	1874年
		1962年	1879〜80年
		1979年	1917〜19年
		2013〜16年	1944〜48年
			1974年

（出所）　Harvard Business School, Behavioral Finance & Financial Stability

●日本の経済危機

　ハーバード・ビジネス・スクールではカーメン・ラインハートとその共著者たちがまとめたグローバル危機データを公開している[2]。このデータは1800年から2016年までの70か国以上の経済危機について調査したものである。具体的には，銀行危機（多くの銀行が破綻してしまう危機），通貨危機（外国為替市場で通貨の価値が暴落してしまうか，通貨が急激に売られる危機），インフレーション危機（急激なインフレーション）などである。表12.3は日本についての危機をまとめたものである。それぞれの危機のいずれも第二次大戦前の危機が多いことがわかる。これは，第二次大戦後に様々な規制や危機への対応ができたためである。しかし，1992〜2001年に銀行危機が見られたように，危機が完全になくなったわけではない。

---

[2]　https://www.hbs.edu/behavioral-finance-and-financial-stability/data/Pages/global.aspx

12.4　経済危機の理論

　経済危機においても TFP が大きな役割を果たすという考え方がある。実際，経済危機の際の TFP を計測すると大きく変動していることが多い。この事実を素直に解釈すると，経済危機のような大きな景気変動の際にも生産技術が大きく低下するような事態が発生したということになる。しかし，これまで生産性が高かった多くの職場で，突然生産性が低くなるようなことは理解し難い。

　そこで注目されるのが金融を介した経済危機である。多くの経済危機では，危機の発生原因や伝播の経路に金融部門が関連することが見受けられる。前節で紹介した経済危機でも金融が関連するものが多かった。ここでは 2 つの仮説について紹介しよう。

●負債デフレーション

　一つは，負債デフレーションという説である。まず，何らかの理由，例えば需要不足などによって企業の収益が悪化し，負債の返済が滞るようになったとする。すると，負債の返済は行われるが，新規の貸出は行われにくくなる。貸出は信用創造（第 5 章を参照）を通じて預金を生むはずであるから，マネーストックは減少してしまう。マネーストックの減少は物価の下落，すなわちデフレーションを引き起こし，資産価値を減少させてしまう。このことは企業の純資産の減少にもつながる。すると，企業の資金調達はさらに厳しくなり，設備投資や雇用は減少する。このような経済の収縮が，負債デフレーションである。

　負債デフレーションは一見もっともらしいのであるが，マネーストックと物価とを結びつけている点に問題がある。6.5 節で見たように，マネーストックと物価との関係を表す貨幣数量説は現実のデータには当てはまりにくい。そこで，別の経済危機の解釈が必要となる。

●金融不安定性仮説

　2 つ目の経済危機の説明は，金融不安定性仮説である。この説では，経済

が安定している時期にも目を向ける。景気が上向いている状況では民間部門では借入が増えていく。借入時に，元本も利子も返済可能な程度に借り入れる（ヘッジ金融）のであれば経済は安定しているが，景気の上昇に伴い，利子の返済ができずに借り換えを行うような投機的金融の状態になる。さらに景気が加熱すると，もはや元本の返済も不可能なのにもかかわらず借入が行われるポンツィ金融の状態にまで達することがある。こうなると，そもそも返済が不可能なのであるから，遅かれ早かれ返済ができなくなり債務不履行に陥る。このような瞬間を，この説の考案者の名前を取って，「ミンスキー・モーメント」と呼ぶ。すると，金融機関の経営が行き詰まり，貸出は抑制され，設備投資は行われなくなり，経済危機に突入する。

金融不安定性仮説は，もとは大恐慌などの第二次大戦前の危機を説明するために発表されたものであったが，近年の危機をも鋭く説明できるため，注目されている。

◆ 練習問題

問 12.1　日銀の公表する業況判断 DI は，「良い」が 30%，「さほど良くない」が 60%，「悪い」が 10% の場合，どのような値になるか。
① 10%
② 20%
③ 30%
④ 40%

問 12.2　内閣府の公表する景気動向指数として誤っているものはどれか。
① 先行指数
② 将来指数
③ 一致指数
④ 遅行指数

問 12.3　実物的景気循環理論とは何か。
① 全要素生産性が景気を駆動するという考え方。
② 消費支出が景気を駆動するという考え方。
③ 投資支出が景気を駆動するという考え方。

12　景気循環と経済危機　　**163**

④　金融機関の貸出が景気を駆動するという考え方。

問 12.4　フィナンシャル・アクセラレーターとは何か。
①　金融機関の不良債権が増加することで，貸出ができなくなるという考え方。
②　資産価格の上昇によって景気が加熱し，バブルが生じてしまうという考え方。
③　金融機関の純資産が増加すると，貸出をしなくても済んでしまうという考え方。
④　資産価格の低下が企業の純資産を減らし，それが貸出に影響を与えるという考え方。

問 12.5　2000 年代後半にアメリカの不動産バブルの崩壊がきっかけで様々な国々に波及した危機を何と呼ぶか。
①　大恐慌
②　オイルショック
③　世界金融危機
④　アジア通貨危機

問 12.6　元本の返済も不可能なのにもかかわらず借入が行われる状態を何と呼ぶか。
①　ヘッジ金融
②　投機的金融
③　ポンツィ金融
④　ヤミ金融

164

第 13 章

経済成長と所得格差

- 13.1 経済成長
- 13.2 経済成長の理論
- 13.3 所得格差

補論 技術進歩と人口増加のある場合の資本ストック変動の計算

経済は規模が拡大し成長する。しかし，この傾向はどの国でも同じというわけではなく，ある国はゆっくりと成長しているのに対し，ある国は目覚ましいほどに急成長している。なぜこのような違いが生じるのであろうか。この章ではこのような疑問に取り組んでいく。また，経済成長の文脈では平均的な豊かさを見るのが普通であるが，一国の経済を見る場合，多かれ少なかれ所得格差がある。これは経済成長の利益が均等に分配されないために生ずる。所得格差は国によって違いがあるのであろうか。日本は世界的に見てどの程度の所得格差があるのであろうか。この章ではこうした疑問にも答えていくことにしよう。

13.1 経済成長

読者の皆さんもよくご存知のように，国によって人々の年間の所得は大きく異なる。これを見るために，GDP を人口で割った一人あたり GDP によって比較をしてみよう。GDP そのものではなく一人あたり GDP を見る理由は，GDP は国全体の所得を表すため，貧しくても人口の多い国は大きく表れたり，豊かでも人口の少ない国が小さく表れたりするのに対し，一人あたり GDP はこうした問題を回避できるからである。

表 13.1 は国別の一人あたり GDP（年額）を表している[1]。単位はドルである。日本の一人あたり GDP は 1980 年から 2020 年までの間に約 2 倍に

165

表13.1 国別の一人あたりGDP

1980年			2000年			2020年		
順位	国	一人当たりGDP	順位	国	一人当たりGDP	順位	国	一人当たりGDP
1	アラブ首長国連邦	168230	1	アラブ首長国連邦	105866	1	ルクセンブルク	113566
2	カタール	140772	2	ルクセンブルク	100384	2	シンガポール	94910
3	サウジアラビア	97000	3	カタール	86436	3	アイルランド	92049
4	リビア	77340	4	ブルネイ	70800	4	カタール	86717
5	スイス	48363	5	スイス	59752	5	スイス	68563
6	バーレーン	45000	6	ノルウェー	56354	6	アラブ首長国連邦	67704
7	ルクセンブルク	44434	7	シンガポール	55959	7	ノルウェー	62611
8	バハマ	33683	8	バーレーン	51500	8	ブルネイ	61593
9	ノルウェー	33423	9	クウェート	50716	9	アメリカ	60205
10	アメリカ	32016	10	アメリカ	50146	10	サンマリノ	56556
11	デンマーク	31953	11	デンマーク	49137	11	香港	56301
12	オーストリア	31396	12	アイルランド	48346	12	デンマーク	55518
13	オランダ	30849	13	サウジアラビア	48002	13	オランダ	54638
14	ドイツ	30421	14	オランダ	47832	14	マカオ	54608
15	カナダ	30338	15	オーストリア	46750	15	台湾	53142
16	アイスランド	30139	16	ドイツ	43572	16	アイスランド	52453
17	イタリア	29817	17	イタリア	43279	17	オーストリア	52395
18	ベルギー	29536	18	ベルギー	43229	18	ドイツ	52072
19	フランス	28718	19	アイスランド	42204	19	スウェーデン	51983
20	スウェーデン	27261	20	カナダ	41650	20	サウジアラビア	51077
21	オーストラリア	26397	21	フランス	41319	21	アンドラ	49728
22	フィンランド	25385	22	スウェーデン	41194	22	オーストラリア	49352
23	イギリス	25266	23	フィンランド	39940	23	ベルギー	49232
24	ニュージーランド	24381	24	オーストラリア	39443	24	バーレーン	48166
25	ギリシャ	24065	25	バハマ	39421	25	フィンランド	47416
26	シンガポール	22380	26	イギリス	39000	26	カナダ	46508
27	日本	22331	27	アルバ	38362	27	フランス	43981
28	スペイン	21052	28	日本	36231	28	韓国	42442
29	アイルランド	20518	29	香港	36065	29	マルタ	42428
30	ベネズエラ	20270	30	オマーン	35395	30	イギリス	41892
31	ガボン	19599	31	スペイン	34809	31	クウェート	41003
32	イスラエル	19269	32	キプロス	33127	32	ニュージーランド	40731
33	レバノン	18708	33	ニュージーランド	31945	33	日本	40030
34	アルゼンチン	18295	34	イスラエル	30574	34	キプロス	39662
35	オマーン	17340	35	ポルトガル	30421	35	イスラエル	39337
136	赤道ギニア	841	185	ブルンジ	762	192	中央アフリカ共和国	937
137	中国	674	186	コンゴ民主共和国	726	193	ブルンジ	732
138	モザンビーク	511	187	モザンビーク	631	194	南スーダン	387

（出所）　IMF, World Economic Outlook.

増加したが，順位は下がり，近隣の香港，台湾，韓国よりも下である。フランスやイギリスも同様に順位を下げている。これに対し，1980年に日本と

1　国による通貨単位の違いをそろえるために購買力平価（PPP）という手法を用いている。また，物価の変動をコントロールするために（つまり，名目ではなく実質で見るために）2017年の物価でそろえてある。

一人あたり GDP がほぼ同じであったシンガポールやアイルランドは額が 4 倍以上にもなり，順位もそれぞれ 2 位と 3 位となっている。下位に目を向けてみると，1980 年に最下位であったモザンビークの一人あたり GDP は，1 位のアラブ首長国連邦のそれの 0.3％しかない。その後，（表にはないが）2020 年には一人あたり GDP は 1,233 ドルとなり，1980 年の 2 倍以上にはなったものの，依然として低いままである。

　このように，ある国が急激に経済成長する一方で，ある国は停滞している原因は何なのであろうか。それがこの章のテーマの一つである。

13.2　経済成長の理論

　第 9 章では民間部門の消費支出，投資支出，政府支出からなる経済を考えた。この節ではこれらの他に資本ストックと生産関数を追加したソロー・スワン・モデルについて考察する[2]。

　消費支出によって消費される財・サービスは期間内にすべて使いつくしてしまうのに対し，資本ストックは数期間にわたって使うことができる点が異なる。資本ストックを増加あるいは減少させるのが投資支出である。生産関数とは労働や資本ストックなどの生産要素を用いることによってどれだけ財・サービスを生産できるかを表す関数である。ただし，この節では労働力は一定であり，人口は 1（例えば 1 億人）と仮定する。こうすることで，総生産と一人あたり生産との違いを無視することができる。

　資本ストックを導入するにあたり，注意すべき点をいくつか紹介しよう。まず，資本ストックは数期間にわたって使用できるものの，毎期価値が減少してしまう。この減少額は資本減耗（あるいは減価償却費）と呼ばれ，会計上価値を減らして計算し，その際の減少率を資本減耗率（あるいは償却率）と呼ぶ。また，資本減耗した場合にはその分の金額を保存しておき，後に新たな設備投資等のために使用する。そのため，所得は生産した金額から資本

---

[2] 同じ設定のモデルをソロー（1956）とスワン（1956）が同時に発表したためこのように呼ばれるが，「ソロー・モデル」と呼ばれることのほうが多い。

13　経済成長と所得格差　　**167**

減耗した金額を引いたものになる。

　民間部門（家計および企業）のみが存在する経済を想定する。民間部門は消費 C と投資 I を行う。したがって，GDP（Y）と支出との等式は，

$$Y=C+I$$

となる。消費支出は所得にのみ依存するという消費関数

$$C=\alpha Y$$

を仮定する。ただし，α は限界消費性向である（$0<\alpha<1$）。この経済の貯蓄は $S=Y-C$ であるので，

$$S=sY$$

と書くことができる。ただし，$s=1-\alpha$ は限界貯蓄性向である。s が大きいほど，所得から貯蓄に回す割合が多いということである。

　資本ストック K は設備投資を行うと（つまり I が増えると）増え，資本減耗すると減少する。つまり，資本の推移式

$$\Delta K=I-\delta K_{-1}$$

が成り立つ（δ：デルタ（小文字））。ただし，K_{-1} は前期の資本ストック，$\Delta K=K-K_{-1}$ は今期の資本ストックの前期との差，δ は資本減耗率である（$0<\delta<1$）。企業は資本を用いて生産を行うので，生産関数

$$Y=f(K_{-1})$$

を仮定する。この関数は $K_{-1}=0$ のときは $f(0)=0$ であり，K_{-1} が増えるほど Y が増えるものとする（つまり，$f'(K_{-1})>0$）[3]。これらの式から，資本ストックの変化は，

---

[3]　さらに，K_{-1} が増えるほど生産関数の傾きが緩くなる（つまり，$f''(K_{-1})<0$）という仮定も必要である。

$$\Delta K = (Y - C) - \delta K_{-1}$$
$$= sf(K_{-1}) - \delta K_{-1}$$

となる。資本ストック K は GDP（Y）を増やすので，ΔK が大きいほど経済が成長することを意味する。したがって，限界貯蓄性向 s が大きいほど資本ストックが成長し，経済も成長することになる。すべての変数が一定となる定常状態においては変数の変化はなくなるので，$\Delta K = 0$ である。つまり，生産関数を代入すると

$$sf(K^*) = \delta K^*$$

を満たす K^* が定常状態の資本ストックである。この K^* が経済成長の行きつく先ということになる。

●ソロー・スワン・モデルにおける資本ストック

図 13.1 はソロー・スワン・モデルの資本ストックがどのように変化するかを表している。この図には $sf(K_{-1})$ と δK_{-1} の 2 つの曲線が描かれており，それらの差が ΔK ということになる。K^* よりも左側の領域では $\Delta K > 0$ であるため，資本ストックは増加していく（右側に移動する）。一方，K^* よりも右側の領域ではその逆なので，資本ストックは減少することになる。こうして最終的には定常状態の資本ストックである K^* にたどり着くわけである。

この経済のパラメータである s と δ が変化すると何が起きるであろうか。限界貯蓄性向 s の上昇は貯蓄を増加させ，曲線 $sf(K_{-1})$ を上方にふくらませる。すると均衡点であった K^* は右に移動し，経済成長を促す。結果として定常状態の生産量 $f(K^*)$ も増加することになる。これは，貯蓄の増加によって投資に利用できる資源が増えることによって資本ストックが増加し，生産が増えるためである。他方で，資本減耗率 δ が上昇すると，曲線 δK_{-1} の傾きが急になる。これにより，均衡点 K^* は左に移動し，経済成長は鈍化する。資本減耗が大きくなると，生産に使うはずであった資本ストックが少なくなり，生産が減少してしまうためである。

図13.1 ソロー・スワン・モデルの資本ストック

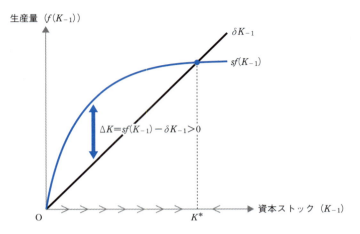

●モデルの拡張

ソロー・スワン・モデルには人口成長や技術進歩などを導入することができる。ここではこの2つをモデルに組み込んでみよう。労働力人口 L の成長率は n であるとする。つまり,

$$\frac{\Delta L}{L_{-1}} = n$$

である。また,労働に関連する技術 A が存在するものとしよう。A と L とをかけあわせた効率労働 AL が生産を増加させる。例えば,労働力人口 L が少なくても技術 A が高ければ,たくさん生産できるということである。この考え方から,生産関数を,

$$Y = F(K_{-1}, AL)$$

と拡張する[4]。生産技術 A の成長率は g であり,

---

[4] 生産関数 $F(K_{-1}, AL)$ には,$F(\lambda K_{-1}, \lambda AL) = \lambda F(K_{-1}, AL)$ という規模に関して収穫一定の仮定,$\partial F/\partial K > 0$,$\partial F/\partial L > 0$,$\partial^2 F/\partial K^2 < 0$,$\partial^2 F/\partial L^2 < 0$ という仮定が必要である。要するに,縦軸に生産量,横軸に生産要素をとったグラフにすると,右上がりで上に膨らんだ形をしているということである。

$$\frac{\Delta A}{A_{-1}} = g$$

とする。効率労働1単位あたり資本を $k_{-1} = K_{-1}/AL$ とすると，k の変動は，

$$\Delta k = s\hat{f}(k_{-1}) - (\delta + g + n)k_{-1}$$

と表すことができる（補論を参照）。ただし，$F(k_{-1}, 1) = \hat{f}(k)$ である。人口成長および技術進歩のない経済と比較すると，k の変動は第2項に g と n が含まれた形であることがわかる。

ここで，生産関数をコブ・ダグラス型と呼ばれる形式

$$F(K_{-1}, AL) = K_{-1}^{\alpha}(AL)^{1-\alpha}$$

と仮定すると（$0 < \alpha < 1$），一人あたり GDP $y = Y/L$ の成長率は，

$$\frac{\Delta y}{y_{-1}} = g + \alpha \frac{\Delta k}{k_{-1}}$$

となる（補論を参照）。この式から，効率労働1単位あたり資本 k が $\Delta k = 0$ に到達すると，一人あたり GDP の成長率は g，すなわち生産技術の成長率と等しくなることがわかる。つまり，高い技術進歩を成し遂げた国は一人あたり GDP の成長率も高いということが言える。生産関数から見れば，（一人あたりでない）GDP は資本ストック，労働力人口，生産技術が決定要因であるが，一人あたり GDP については技術進歩こそが決定要因となるのである。このモデルから考えると，日本の一人あたり GDP の停滞は技術進歩の低迷が原因と考えられるかもしれない。

ソロー・スワン・モデルは柔軟なモデルであり，様々な拡張がなされてきた。その中でも非常に重要だったのが，人的資本の導入である。人的資本とは知識や技術のような生産に役立つ生産要素であり，（物的）資本ストックと同じように蓄積される生産要素のことである。

例えば，コンピュータを利用する技術は一旦身につければ労働者に蓄積され，さらに技術を磨くことも可能である。人的資本は生産関数に導入され，

13 経済成長と所得格差　　**171**

一人あたり GDP を増加させる一要因とされた。数式から導き出された結果と実際のデータとが整合的であることも確認されている。つまり，経済成長には人的資本も重要な要素だということが明らかになった。

●ソロー・スワン・モデルの注意点

しかし，ソロー・スワン・モデルの前提には注意が必要である。ソロー・スワン・モデルでは，これまでのモデルに資本ストックの推移式と生産関数を導入した。前者は特に不思議な仮定ではないが，後者は必ずしも経済を正確に描写しているとは言えない。GDP が生産関数と等しくなるということは，GDP が資本ストックや労働力人口などの生産要素に制約されていることを意味する。

しかし実際の経済では，同じ人数で仕事をしていても生産量を調整できるであろう。これは，投入された生産要素で生産できる最大の生産量を常に生産しているわけではないことを意味する。このような場合，生産を左右するのは生産要素ではなく総需要である。消費支出や投資支出，政府支出などが十分に多くなければ生産要素が制約となることはないであろう。したがって，経済成長を分析する際には生産要素のような供給要因だけでなく総需要も重視すべきとする説もある点に注意しておこう。

13.3 　所得格差

一人あたり GDP は一国の平均的な所得水準を測ることはできるが，それが高いからといって必ずしも豊かな国であるとは言えないかもしれない。というのも，一部の国民に富が偏って分布していれば，多くの国民は豊かではないからである。したがって，所得格差を分析することが重要となってくる。

なぜ所得格差が存在することは問題なのであろうか。第1に，所得の高い者と低い者がいるのであれば，所得再分配政策によって所得の高い者から低い者へ所得を移すことによって誰もが生活に困らない経済を実現できるからである。そうした政策の典型的な例は，累進所得課税や生活保護である。も

し大きな所得格差が存在しているのであれば，所得再分配政策が十分でないことになる。ただし，所得再分配政策で気をつけなければならないのは過度な平準化を行うことによる弊害である。所得の高い人の中には努力によって高い所得を得た人もいるであろう。課税はそうした努力に対する意欲をそいでしまうかもしれない。

　第2に，極端に所得の高い人は政治的に強い影響力を持つようになる傾向があるためである。一部の者に政治的な権力が与えられれば，そうした人々に有利になるように経済が歪められる可能性がある。したがって，民主主義の観点からも所得格差はできるだけ小さいほうが望ましい。

●ローレンツ曲線

　所得格差を分析するための第一歩となるのがローレンツ曲線である。ローレンツ曲線は，一国の国民を所得の低い順に並べてこれを横軸とする。縦軸には所得の累計をとる（それぞれパーセント表示である）。こうして描かれた曲線の傾きを見れば所得がどのように分布しているのかがわかるようになる。図13.2（a）がその一般例である。極端な例として，すべての国民の所得が等しいのであれば，その傾きは1となる（図13.2（b））。逆に，たった一人がすべての所得を得ているのであれば，傾きはゼロとなる（図13.2（c））。

●ジニ係数

　さらに，ローレンツ曲線を指標化したのがジニ係数である。ジニ係数は図13.2（a）において，面積の比 A/（A＋B）で定義される。つまり，下三角の領域に対して A の領域がどれだけ大きいかを表しており，大きいほど不平等度が高い。したがって，図13.2（b）のジニ係数は0であり，図13.2（c）のジニ係数は1である。現実にはその中間にジニ係数が存在するであろう。

　実際に OECD 加盟国について（課税・移転後の）ジニ係数を計算したのが表13.2 である（2018 年について比較可能な国々のみ）。最もジニ係数が小さい（所得格差が小さい）のはスロバキアであり，ジニ係数は0.236 である。それに対し，日本は27 位でジニ係数は0.334 である。日本は比較可能な国々の中では所得格差がやや大きい方であることがわかる。このデータは課

13　経済成長と所得格差　　**173**

図13.2　ローレンツ曲線

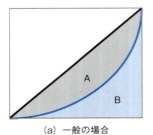
(a) 一般の場合

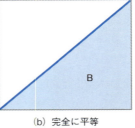
(b) 完全に平等

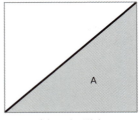
(c) 一人が独占

表13.2　ジニ係数（2018年）

順位	国	ジニ係数	順位	国	ジニ係数
1	スロバキア	0.236	20	スイス	0.311
2	チェコ	0.249	21	ポルトガル	0.317
3	スロベニア	0.249	22	ルクセンブルク	0.318
4	ベルギー	0.258	23	オーストラリア	0.325
5	ノルウェー	0.262	24	イタリア	0.330
6	デンマーク	0.263	25	ニュージーランド	0.330
7	フィンランド	0.269	26	スペイン	0.330
8	スウェーデン	0.273	27	日本	0.334
9	オーストリア	0.280	28	韓国	0.345
10	ハンガリー	0.280	29	イスラエル	0.348
11	ポーランド	0.281	30	ルーマニア	0.350
12	ドイツ	0.289	31	ラトビア	0.351
13	アイルランド	0.292	32	リトアニア	0.361
14	クロアチア	0.293	33	イギリス	0.366
15	オランダ	0.295	34	アメリカ	0.393
16	フランス	0.301	35	トルコ	0.397
17	カナダ	0.304	36	ブルガリア	0.408
18	エストニア	0.305	37	メキシコ	0.418
19	ギリシャ	0.306	38	コスタリカ	0.479

（出所）　OECD Data

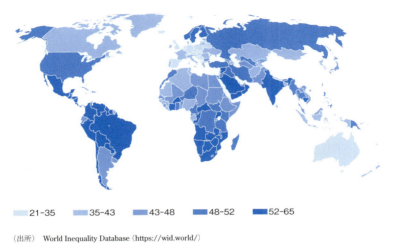

図13.3 上位10%の所得シェア（2023年末時点, %）

■ 21-35　■ 35-43　■ 43-48　■ 48-52　■ 52-65

（出所）　World Inequality Database（https://wid.world/）

税や，年金・生活保護支給などの移転を行った後のデータであるが，課税・移転前のデータでは日本のジニ係数は0.501であり，課税や移転がいかに所得格差を平準化するかを物語っている。

●不平等度

経済学者のトマ・ピケティは世界の不平等度に関するデータを公表している。図13.3は，国ごとに，上位10%の人々の所得が国全体の所得に占めるシェアを図示したものである。色の濃い国ほど，上位10%の人々の所得シェアが高い。つまり，不平等度が高いと言える。図を見ると，ラテンアメリカ，アフリカ，中東の国々で不平等度が高い国が多く見受けられる。その一方で，ヨーロッパでは不平等度が低い国々が多い。日本は中位に位置しており，決して不平等度が低いとは言えない。

●クズネッツ曲線

所得格差のような不平等は経済成長に伴って生じるという仮説がある。不平等は所得格差の初期の段階では比較的小さく，経済成長に伴って拡大する。

13　経済成長と所得格差　**175**

図13.4 クズネッツ曲線

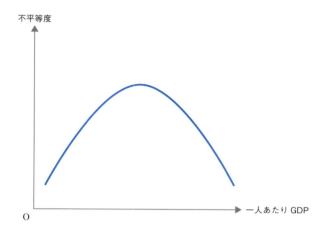

図13.5 実際のクズネッツ曲線（2018年）

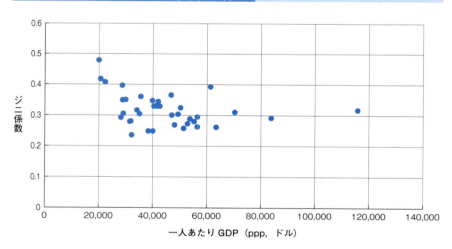

（出所）一人あたり GDP は IMF, World Economic Outlook。ジニ係数は OECD Data。

これは経済成長の勢いに対して所得の分配が均等に行われないためである。やがて経済が十分に拡大して成熟した経済になると所得分配が適切に行われるようになり，平等になっていくと考えられる。この仮説をグラフにしたの

が図 13.4 である。不平等度と一人あたり GDP との間に見られるこの曲線は，発見者の名前から**クズネッツ曲線**と呼ばれる。

実際のクズネッツ曲線はどのようになっているのであろうか。図 13.5 は 2018 年における一人あたり GDP とジニ係数を用いた散布図を描いたものである。標本数が少ないせいかもしれないが，クズネッツ曲線のような上に凸の曲線ではない。むしろ，所得が低い国々ではジニ係数が高い傾向があるように見える。また，所得が中位にある国々はジニ係数のばらつきが大きい。しかし，所得が十分に高い国々ではジニ係数が小さい傾向は見られる。このように，クズネッツ曲線の仮説は一部では当てはまっているものの，全体としては当てはまりが悪いと考えられる。

補論　技術進歩と人口増加のある場合の資本ストック変動の計算

資本ストックの変動 $\Delta k = k - k_{-1}$ なので，

$$
\Delta k = \frac{K}{AL} - \frac{K_{-1}}{A_{-1}L_{-1}} = \frac{K}{AL} - \frac{K_{-1}}{AL} + \frac{K_{-1}}{AL} - \frac{K_{-1}}{A_{-1}L_{-1}}
$$

$$
= \frac{\Delta K}{AL} + \frac{K_{-1}A_{-1}L_{-1}}{ALA_{-1}L_{-1}} - \frac{K_{-1}AL}{ALA_{-1}L_{-1}} = \frac{\Delta K}{AL} + k_{-1} - k_{-1}(1+g)(1+n)
$$

$$
= \frac{sF(K_{-1}, AL) - \delta K_{-1}}{AL} + k_{-1} - k_{-1}(1+g+n+gn)
$$

$$
= sF\left(\frac{K_{-1}}{AL}, 1\right) - \delta \frac{K_{-1}}{AL} - (g+n+gn)k_{-1}
$$

$$
= s\hat{f}(k_{-1}) - (\delta + g + n + gn)k_{-1}
$$

となる。g と n は小さい数で，それらをかけあわせた数は $gn \simeq 0$ と無視できるので，

$$
\Delta k = s\hat{f}(k_{-1}) - (\delta + g + n)k_{-1}
$$

と表すことができる。

また，一人あたり GDP は $y = k_{-1}^{\alpha}(AL)/L = Ak_{-1}^{\alpha}$ なので，

$$
\frac{\Delta(Y/L)}{Y_{-1}/L_{-1}} = \frac{\Delta(Ak_{-1}^{\alpha})}{A_{-1}k_{-2}^{\alpha}} = \frac{Ak_{-1}^{\alpha} - A_{-1}k_{-2}^{\alpha}}{A_{-1}k_{-2}^{\alpha}} = \frac{Ak_{-1}^{\alpha}}{A_{-1}k_{-2}^{\alpha}} - \frac{A_{-1}k_{-1}^{\alpha}}{A_{-1}k_{-2}^{\alpha}} + \frac{A_{-1}k_{-1}^{\alpha}}{A_{-1}k_{-2}^{\alpha}} - 1
$$

$$
= \frac{\Delta A \cdot k_{-1}^{\alpha}}{A_{-1}k_{-2}^{\alpha}} + \frac{\Delta(k^{\alpha})}{k_{-2}^{\alpha}}
$$

と展開できる。ここで，$g \times (k^{\alpha}_{-1}$ の成長率$) \simeq 0$ とし，かつ $\Delta x^a / x^a \simeq a(\Delta x / x)$ という近似を使うと，

$$\frac{\Delta(Y/L)}{Y_{-1}/L_{-1}} = g + \alpha \frac{\Delta k}{k_{-1}}$$

となる。

◆ 練習問題

問 13.1　一国の人々の所得を観察するのに適した指標はどれか。
① 一人あたり TFP
② 一人あたり GDP
③ 一人あたり CPI
④ 一人あたり ETF

問 13.2　資本ストックの特徴として<u>誤っているもの</u>はどれか。
① その変化分は消費支出となる。
② 他期間にわたって使用することができる。
③ 価値が次第に減少する。
④ 生産要素の一つである。

問 13.3　ソロー・スワン・モデルの特徴として<u>誤っているもの</u>はどれか。
① ケインジアン・クロスに生産関数を加えている。
② ケインジアン・クロスに資本の推移式を加えている。
③ 限界貯蓄性向が大きくなると定常状態の資本ストックが減少する。
④ 技術進歩が高いほど一人あたり GDP の成長率も高くなる。

問 13.4　ローレンツ曲線の説明として<u>誤っているもの</u>はどれか。
① 所得の低い順に所得の累計を並べたもの。
② 一般に上に膨らんだ形となる。
③ 完全に平等の場合には 45 度線上になる。
④ 完全に不平等の場合には横軸と縦軸に重なる。

問 13.5　ジニ係数の説明として<u>誤っているもの</u>はどれか。
① ローレンツ曲線から導出される。
② 大きいほど不平等度が高い。

③ 課税・移転後にはジニ係数が大きくなる。

④ 日本のジニ係数は中間よりやや大きい。

問 13.6 不平等度と一人あたり GDP との間には上に凸の関係があるとする曲線を何と呼ぶか。

① フィリップス曲線

② 総需要曲線

③ ローレンツ曲線

④ クズネッツ曲線

第 **14** 章
財政収支と経常収支

- ■ 14.1　財政収支
- ■ 14.2　経常収支
- ■ 14.3　為替レート
- ■ 14.4　財政の持続可能性
- ■ 14.5　経常収支赤字の持続可能性
- ■ 14.6　部門別の資金過不足

　一国の経済状態は常に安定しているわけではない。景気循環もあれば経済危機もある。特に後者の場合は民間部門の債務が問題となった。これら以外にも経済には債権・債務関係がある。政府についても債務はありうるし，一国の国外に対する債務についてもありうる。この章ではこの 2 つの問題について取り上げ，それぞれの持続可能性について議論する。さらに，民間部門の収支，政府の収支，国外の収支が一定の関係をもって表せることを示し，どんな問題を読み取れるのかを学ぶ。

14.1　財政収支

　政府の 1 年間の歳入と歳出の差を財政収支という。第 4 章の表 4.1 では政府の通貨供給と通貨吸収について学んだが，その差し引きの額が財政収支というわけである。財政収支がプラスの場合は財政黒字，マイナスの場合は財政赤字となる。(多少ズレてはいても) 収支が釣り合っていれば均衡財政と呼ばれる。また，(国債収入を含まず) 税収等と政策的経費との差を基礎的財政収支（プライマリー・バランス）という。税収等は税収と税外収入（国有財産売払収入など）からなり，政策的経費は国債費を除く歳出からなる。大まかに言えば，国債に関連する部分を除いた財政収支がプライマリー・バラン

180

スである。

　ほとんどの国々のほとんどの時期では財政収支は赤字であり，マネーを民間部門に供給している。マネーが供給されるばかりでは民間部門にマネーが過剰になってしまうので，それを調節する役割を果たすのが国債である。

　注意していただきたいのは，政府が支出をするまでは民間部門にはマネーは存在しないのであり，政府が支出をして初めて民間部門はマネーを手にするという点である。さらに，そのマネーが過剰になり金融市場で資金の借り手がいない状態になるのを防ぐために国債が発行され，金融市場が機能するようになるのである。つまり，国債はマネーの量をコントロールするために利用される。一般には，政府は国債を発行して財源を手に入れ，それをもとに支出を行うと言われているが，事実上の国債の機能は上記のようになっている。

●統合政府で考える

　このことをより詳細に分析するには，政府と中央銀行のバランスシートを合わせた統合政府を考えると良い。政府が支出を行う際には，まず短期国債を中央銀行に発行して政府預金を一時的に作る。統合政府で考えれば，この取引は相殺されて何も生じさせない。

　その政府預金を用いて民間部門から財・サービスを購入する。統合政府で見れば民間部門にマネーを供給したことになる。すると民間部門は税を支払ったり国債を購入したりできるようになるため，統合政府は徴税や国債の発行を行い，マネーを吸収する。

　マネーが吸収されすぎた場合には，中央銀行あるいは統合政府が国債を買い入れてマネーを再び供給する。このように考えると，財政収支は民間部門に対してどれだけマネーを供給・吸収したのかを表していると見ることができる。

　第1章の図1.5で見たように，1980年以降の財政収支は1988〜91年を除いて一貫して財政赤字である。ということは，それだけの（国債を含む）マネーを民間部門に供給してきたということである。

14　財政収支と経常収支　**181**

14.2 経常収支

　財政収支と似たような働きをするのが経常収支である。財政収支が政府と民間部門との間のマネーの出入りを表すのに対し，経常収支は一国と海外との間のマネーの出入りを表すものである。異なるのは黒字・赤字の概念であり，経常収支黒字は一国にマネーが供給されるのに対し，経常収支赤字は一国からマネーが吸収される。

　経常収支とは，貿易・サービス収支，第一次所得収支，第二次所得収支からなるものである（図14.1）。貿易・サービス収支とは，外国との財の輸出入（貿易収支）や，国際貨物や旅客運賃などのサービスの取引の収支（サービス収支）を表している。第一次所得収支とは，外国との利子や配当金などの収支を表している。第二次所得収支とは，居住者と非居住者の間の対価を伴わない資金（寄付や贈与など）の収支を表している。

●日本の経常収支

　図14.2は1996年以降の日本の経常収支とその内訳を表している。経常収支は上下動はするものの，期間中は一貫して黒字である。経常収支黒字を維持させている最も大きな要因は第一次所得収支の黒字であり，1996年には6兆円程度であったのが，2022年には34兆円にもなっている。つまり，日本の経常収支黒字は国外からの利子・配当金などによって支えられているということである。一方，貿易・サービス収支は2010年まで黒字であったのが，2011年から2015年まで赤字になり，一旦黒字に戻るものの2019

図14.1　経常収支

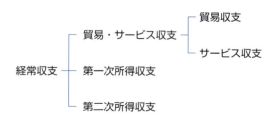

図14.2 経常収支とその内訳

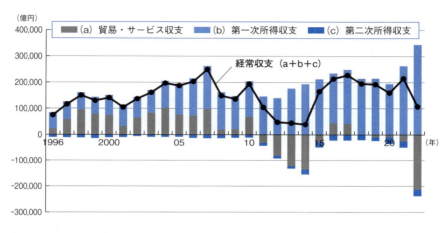

（出所）財務省「国際収支状況」

年から再び赤字となっている。図には出ていないが，サービス収支は一貫して赤字であり，貿易収支は変動している。

　貿易収支は景気に左右されやすい。好景気の際には輸入が増える傾向にあり，不景気の際にはその逆である。海外でも同じことが生じるため，そのバランスで収支が決まる。第二次所得収支は期間を通して赤字であるが，その額は大きくない。

14.3　為替レート

　経常収支は外国との取引であるから，自国通貨と外国通貨との交換比率である為替レートの影響を受ける。そこでここでは為替レートについて学んでおこう。

　為替レートは，ドルの場合は1ドルを何円で買うか，という値であり，「1ドル＝X円」あるいは「X円/ドル」のように表記され，このように外貨1単位に対して自国通貨がいくらになるかを表すことを自国通貨建てと呼ぶ（そ

の逆の場合は外貨建てと呼ばれる）。また，X の値が大きくなることを減価（自国通貨安，外貨高），小さくなることを増価（自国通貨高，外貨安）という[1]。円ドル相場の場合，X が大きくなれば円安ドル高，小さくなれば円高ドル安である。ニュースなどでは，「1 ドル＝157 円 27 ～ 29 銭」のように表記される。

　なぜ価格なのに「27 ～ 29 銭」という幅があるのだろうか。値の小さい方はビッド・レートと呼ばれ，ドルを欲しい人が最も安く買える為替レートを表している。値の大きい方はオファード・レートと呼ばれ，ドルを持っている人が最も高く売れる為替レートを表している。ということは，ドルを買いたい人は「157.27 円以上（157.27 ～）」なら買え，ドルを売りたい人は「157.29 円以下 (～ 157.29)」なら売れる。つまり，2 つの値は全く別の為替レートを表しているので，2 つのレートをつなげるのは本来おかしいのだが，慣例としてつなげて書くことになっている。

　上記は金融機関が取引するインターバンク市場での為替レートだが，非金融部門（家計や企業）が金融機関から外貨を売買するときには別の為替レートが適用される。このような市場は対顧客市場として区別される。財市場なら卸売市場と小売市場との違いと同じである。ドルを買って円を売るときの為替レートは電信売り相場（Telegraphic Transfer Selling Rate, TTS），ドルを売って円を買うときの為替レートは電信買い相場（Telegraphic Transfer Buying Rate, TTB）と呼ばれる。

●実質為替レート

　ここまで説明してきた為替レートは名目為替レート（スポット・レート）と呼ばれるものである。私たちは財・サービスあるいは金融商品を購入するために外貨を買う。仮にどちらかの国の財が安ければ，安いほうの財を買いたくなるであろう。ある財が外国と比べて何倍の値段なのかを表す指標を相対価格と呼ぶ。しかしながら，それぞれの財を比較するためには，外国の財の価格は外貨建てであるので，自国通貨建てに直さなければならない。そこ

---

[1]　増「加」ではない点に注意。

で，外国の財の価格に為替レートをかけると，相対価格は

$$相対価格 = \frac{外国の財 A の価格（ドル）× 名目為替レート}{自国の財 A の価格（円）}$$

と書ける。例えば，アメリカと日本の白 T シャツがそれぞれ 10 ドル，1,000 円だと比較できないが，為替レート 157 円/ドルとするとアメリカの価格は 10 ドル× 157 円/ドル = 1,570 円なので，白Tシャツの相対価格は1,570/1,000 = 1.57 になる。つまり，アメリカの方が1.57 倍高く売っているわけである。

　1 つの財だけでなく，経済全体の財・サービスで価格を比べるとどうなるであろうか。私たちはすでに第 6 章で物価を学んだので，アメリカの物価は日本の物価の何倍なのかを調べることもできる。この指標は実質為替レートと呼ばれ，

$$実質為替レート = \frac{外国の物価 × 名目為替レート}{自国の物価}$$

と定義される。

●実効為替レート

　ところで，名目為替レートも実質為替レートも相手国は 1 国のみである。もし私たちが円がすべての通貨に対して高くなっているのか安くなっているのかを知りたければ，たくさんの為替レートをすべて眺めなければならない。ある通貨に対して円は高くなっているのに別の通貨に対しては安くなっていたら，判断に困るであろう。そこで，貿易額等の取引が多い国の通貨はより大きい比重を，取引が少ない国の通貨はより小さい比重をおいて，為替レートを平均する実効為替レートという指標が使われている。名目為替レートで平均するものは名目実効為替レート，実質為替レートで平均するものは実質実効為替レートと呼ばれる。

　図 14.3 は円の名目実効為替レートと実質実効為替レートを表している。日本は 1973 年に米ドルと名目為替レートを固定する固定為替相場制度か

図14.3　円の名目実効為替レートと実質実効為替レート

(出所)　日本銀行，2020年 = 100。

ら，市場でレートの決まる変動相場制に移行した。それ以降は名目も実質も実効為替レートは円高方向に推移していたが，1990年代半ばに実質実効為替レートは円安方向に転換した。名目実効為替レートも2010年代に円安に転じた。実質実効為替レートの円安は進み，2020年代には1970年代初頭並みの円安となった。

14.4　財政の持続可能性

　第1章の図1.6では累積の財政赤字を示していたが，その値は巨額であり，2021年には900兆円にも及んでいる。これほどの国債を返済することは可能なのであろうか。
　まず考えねばならないのは，発行された国債が自国通貨建て（円建て）なのか外貨建てなのかということである。外貨建ての場合，返済には外貨（例えばドル）が必要になるため，返済に耐えられるほどの外貨を政府が保有していなければ，債務不履行（デフォルト）になる。しかし日本の国債はすべ

て円建てなので，その心配はない。国によっては貿易や投資に外貨が必要となるため，外貨建てで国債を発行する場合があり，その額が巨額に上れば外貨を用立てできずにデフォルトに陥ることもある。

　次に，円建て国債の場合を考えよう。国債が市場に余分に供給されている（つまり，マネーが過小に供給されている）場合，中央銀行が国債を買い入れるオペを行うため，統合政府で考えるとこのようなオペによって国債は市場から吸収されることになる。したがって，中央銀行が適切なオペを行っていれば，統合政府で見れば国債が過剰になることはないのである。

　ただし，国債の利子率が経済成長率を上回ってしまうと，国債を償還する金額が膨張し，返済が無限に膨らんでしまうことがあるかもしれない。しかしこれも中央銀行が適切に金利を操作すれば国債の利子率を経済成長率よりも低く抑えられるはずである。もちろん，中央銀行が何らかの理由で判断を誤ったり，国債を買い入れることに制限が設けられたりすれば，民間部門は過剰な国債を保有することになり，償還が不可能になることは考えられる。

　また，政府が自主的に返済を見送ることもありうる。例えば，外国の投資家が国債を大量に保有している場合，円で償還を行っても，外国為替市場で円がドルに変えられるなどして円安を招くかもしれない。円安が急激に進むと輸入が困難になったり，輸入品の高騰によってインフレを招いたりすることがあるため，政府がそれを回避しようとすれば国債の償還をやめることが選択肢の一つとなる。実際，日本国債の外国人保有比率は少しずつではあるが増えてきており，無視することはできない。

　さらに，アメリカなどでは国債の借り換えの額を議会が承認する制度となっているため，承認が得られなければ国債を償還できないことがありうる。これも政府が返済可能なのにもかかわらず，自主的に返済不能に陥る例の一つであろう。

14.5　経常収支赤字の持続可能性

　日本は現在のところ経常収支赤字にはなっていないが，このまま貿易・サ

ービス収支赤字が拡大していけば，経常収支も赤字に転落することがありうる。また，アメリカのように長年経常収支赤字を続けている国もある。経常収支赤字は持続することは可能なのであろううか。

　ここでも，財政赤字のような議論が成り立つ。まず，経常収支赤字になった際に自国通貨建て債務を負う場合については赤字は基本的には問題とならない。というのも，海外から自国通貨を要求されても，政府がいくらでも自国通貨を供給することができるからである。つまり，海外との取引においてそのほとんどをドル建てで行っているアメリカのような国の場合，政府はいくらでもマネーを供給できるため，経常収支赤字が巨額になっても問題はない。むしろ，世界が必要としているドルを供給しているという点で，経常収支赤字が必要とされていると言ってもよい。仮に，アメリカが経常収支黒字になってしまうと世界のドルは吸収されるため，決済に必要なドルを用立てできない国々が出てきてしまう可能性がある。

　ただし，財政赤字の節でも議論したように，マネーの供給によって為替レートが過剰にドル安になってしまうような場合には，経常収支赤字を改善する必要が出てくるかもしれない。経常収支赤字が巨額になりすぎて多額のマネーを供給しなければならない場合も同様である。

　しかし，アメリカ以外の国々は必ずしも自国通貨建ての債務ばかりを負っているわけではない。すると，経常収支赤字によって外国通貨建ての債務が増加することになる。この場合，その国が十分な外貨を保有していることが経常収支赤字持続の前提となる。

14.6　部門別の資金過不足

　ここまで見てきたように，財政収支と経常収支とは資金の収支を表している。誰かの支出は誰かの受け取りになるので，一国の収支を合わせるとゼロになるはずである。実際，一国の資金過不足は下記のように表せる。

> 民間の資金過不足＋政府の資金過不足＋海外の資金過不足＝0

図14.4 資金過不足の対GDP比

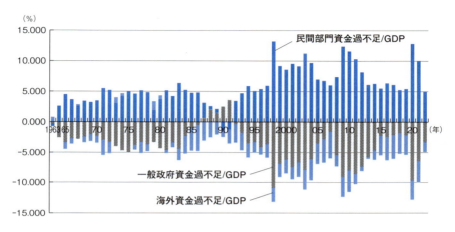

（出所） 資金過不足は日本銀行「資金循環統計」，GDPは内閣府「国民経済計算」

ただし，ここでの政府は国・地方を合わせた一般政府であり，その資金過不足はプライマリー・バランスと考えればよい。また，海外の資金過不足は経常収支（をマイナスにしたもの）と考えることができる。

この式の意味するところは大きい。というのも，1つの部門が黒字であるためには，他の2つのうち少なくとも1つの部門が赤字でなければならないからである。例えば，政府が財政黒字を実現したいのであれば，民間部門か海外部門の少なくとも一方が赤字でなければならない。民間と政府の両者を黒字にしたいのであれば，海外部門が相当な赤字になっていなければならないだろう。

図14.4は上記の部門別に資金過不足のGDP比を積み上げたものである。おおむね，民間は黒字，一般政府と海外は赤字であるが，1970年代には海外に黒字が見られた。また，1987～91年には政府が黒字，1990～91年には民間が赤字となっている。これがバブル経済の時期と重なっているのは偶然ではない。バブル期には好景気のために税収が増加し，政府部門は民間部門から資金を吸収していた。さらに，民間部門は多額の借入をしたために収支が赤字となったのである。このように，民間が赤字，政府が黒字となる

[14] 財政収支と経常収支 **189**

時期は民間部門で過剰な借入が生じている可能性があるために注意が必要である。実際，バブル経済の崩壊により，不良債権（返済不能となった借入）が増加したため，多数の金融機関が経営難に陥った。

◆ 練習問題

問 14.1　税収等から国債等を除く歳出を引いたものを何と呼ぶか。
① バランスシート
② スプレッドシート
③ 均衡財政
④ プライマリー・バランス

問 14.2　経常収支の項目に当てはまるものをすべて選びなさい。
① 貿易収支
② サービス収支
③ 第一次所得収支
④ 第二次所得収支

問 14.3　1 ドル＝ 150 円から 1 ドル＝ 140 円になることを何というか。
① 減加
② 増加
③ 減価
④ 増価

問 14.4　外国の物価が自国の物価の何倍なのかを表す指標を何と呼ぶか。
① 名目為替レート
② 実質為替レート
③ 消費者物価指数
④ 企業物価指数

問 14.5　財政の持続可能性の説明として正しいものはどれか。
① 国債が外貨建てで発行されている場合，デフォルトの心配はない。
② 国債が自国通貨建てで発行されていても，中央銀行が何もしなければ，デフォルトの心配はない。
③ 政府が自主的に債務を返済しない場合がある。
④ 国債の借り換えは制約なく行われる。

190

問 14.6　一国の資金過不足を民間，政府，海外の 3 つの部門に分けた場合の説明として正しいものはどれか。
① 　民間が黒字の場合，政府が赤字でなければならない。
② 　民間が黒字の場合，海外が赤字でなければならない。
③ 　政府が黒字の場合，海外が赤字でなければならない。
④ 　政府が黒字の場合，民間か海外の少なくとも一方が赤字でなければならない。

参考文献

■第1章

今谷明（2008）『封建制の文明史観』PHP研究所。

■第2章

Godley, W., and M. Lavoie (2012), *Monetary Economics: An Integrated Approach to Credit, Money, Income, Production and Wealth, 2nd Edition*. Palgrave Macmillan.

■第5章

Goldberg, Dror (2012), "The tax-foundation theory of fiat money," *Economic Theory*, Vol. 50, No. 2, pp. 489–497.

Kiyotaki, Nobuhiro, and Randall Wright (1993), "A Search-Theoretic Approach to Monetary Economics," *American Economic Review*, Vol. 83, No. 1, pp. 63-77.

■第7章

今井亮一・工藤教孝・佐々木勝・清水崇（2007）『サーチ理論——分権的取引の経済学』東京大学出版会。

尾高煌之助（1990）「産業の担い手」西川俊作・阿部武司編『産業化の時代 上』岩波書店。

玄田有史・近藤絢子（2003）「構造的失業とは何か」『日本労働研究雑誌』No. 516, 4～15頁。

■第9章

服部孝洋（2019）「イールドカーブ（金利の期間構造）の決定要因について——日本国債を中心とした学術論文のサーベイ」『ファイナンス』2019年10月号。

Ellingsen, Tore, and Ulf Soderstrom (2001), "Monetary Policy and Market Interest Rates." *American Economic Review*, 91 (5): pp.1594-1607.

Romer, David (2013), "Short-run Fluctuations." Mimeo. (https://eml.berkeley.

edu/~dromer/papers/ISMP%20Text%20Graphs%202013.pdf)

■第13章

Solow, Robert M. (1956), "A contribution to the theory of economic growth," *The Quarterly Journal of Economics*, 70 (1), pp.65-94.

Swan, Trevor W. (1956), "Economic growth and capital accumulation," *Economic Record*, 32 (2), pp.334-361.

練習問題解答

■第 1 章

問 1.1 ②

生産のために必要なものは資本と呼ばれ，それを所有するのが資本家である。

問 1.2 ③

問 1.3 ①

問 1.4 ④

問 1.5 ③

問 1.6 ②

■第 2 章

問 2.1 ③, ④

問 2.2 ①

利益はバランスシートではなく損益計算書と呼ばれるものの項目である。

問 2.3 ②, ③

家計は個々人ではなく意思決定をともにする単位である点に注意せよ。

問 2.4 ④

問 2.5 ①

問 2.6 ②, ③, ④

問 2.7 ②

問 2.8 ③

■第 3 章

問 3.1 ④

問 3.2 ③

問 3.3 ③

問 3.4 ①, ④

問 3.5 ①

問 3.6 ③

■第4章
問 4.1 ①
問 4.2 ②
問 4.3 ④
問 4.4 ④
問 4.5 ②
問 4.6 ②, ③, ④
問 4.7 ③

■第5章
問 5.1 ①
問 5.2 ④
問 5.3 ④
問 5.4 ②
問 5.5 ②, ③
問 5.6 ④
　　　　このゲームは「囚人のジレンマ」と呼ばれる。

■第6章
問 6.1 ③
問 6.2 ④
問 6.3 ④
問 6.4 ②
問 6.5 ②
問 6.6 ①
問 6.7 ③
問 6.8 ②
問 6.9 ④

■第7章
問 7.1 ④
問 7.2 ①, ④
問 7.3 ②
問 7.4 ②
問 7.5 ①

練習問題解答　　**195**

問 7.6 ③
問 7.7 ④
問 7.8 ②

■第 8 章
問 8.1 ③
問 8.2 ②

$$Y=(10-0.5\times5+6)/(1-0.5)=27$$

問 8.3 ③
問 8.4 ②
問 8.5 ①
問 8.6 ②
問 8.7 ④

■第 9 章
問 9.1 ④
問 9.2 ④

右下がりのときは逆イールド。

問 9.3 ③

①は純粋期待仮説，②は流動性プレミアム仮説，④は市場分断仮説。

問 9.4 ③
問 9.5 ②
問 9.6 ①
問 9.7 ①
問 9.8 ②

■第 10 章
問 10.1 ②

①は資源配分機能，③は所得再分配機能，④は経済安定化機能。

問 10.2 ②，③，④，①
問 10.3 ③，④，②，①
問 10.4 ③
問 10.5 ④

■第 11 章

問 11.1　①
問 11.2　②
問 11.3　③
問 11.4　④
問 11.5　③
問 11.6　①
問 11.7　④

■第 12 章

問 12.1　②
問 12.2　②
問 12.3　①
問 12.4　④
問 12.5　③
問 12.6　③

■第 13 章

問 13.1　②
問 13.2　①
問 13.3　③
問 13.4　②
問 13.5　③
問 13.6　④

■第 14 章

問 14.1　④
問 14.2　①, ②, ③, ④
問 14.3　④
問 14.4　②
問 14.5　③
問 14.6　④

索　引

あ　行

イールドカーブ　117
イールドカーブ・コントロール　150
一致指数　156
一般政府　23
インフレーション（インフレ）　5, 74
インフレ調整線　125
インフレ率　74

オイルショック　160
オファード・レート　184

か　行

概算要求　135
概算要求基準　135
外生変数　98
開放経済モデル　105
家計　16
可処分所得　97
価値尺度機能　59
価値貯蔵機能　59
貨幣　53
　　──の流通速度　79
貨幣数量説　79
為替レート　183
完全失業者　87
完全失業率　87

企業　18
企業物価指数　72
季節的失業　92
帰属家賃　33
基礎消費　97
基礎的財政収支　180

機能的財政　134
決まって支給する給与　84
逆イールド　117
清滝・ライト・モデル　63
銀行券　24
銀行券要因　145
均衡国内総生産　99
均衡雇用失業率　92
均衡財政　103, 180
均衡財政乗数　103
銀行の銀行　24
金融　19
金融市場調節　144
金融仲介機関　19
金融調節　144, 147
金融不安定性仮説　162

クズネッツ曲線　177
靴底コスト　76
クラウディング・アウト　123

景気循環　154
景気動向指数　155
経済安定化機能　135
経済危機　160
経済セクター　15
計算単位コスト　76
経常収支　182
経常収支赤字　182
経常収支黒字　182
ケインジアン・クロス　101
欠員率　90
減価　184
限界消費性向　97
限界輸入性向　105
現金給与総額　84

現金通貨　60
県内総生産　36

交換手段機能　59
広義流動性　61
構造的失業　90
硬直価格　96，124
効率賃金仮説　89
効率労働　170
効率労働 1 単位あたり資本　171
コールレート　144
国内総生産　7，30
国富　27
コストプッシュ・インフレ　77
固定基準年方式　38
雇用者　87
コンポジット・インデックス　155

さ 行

サービス　3，5
財　5
財政赤字　10，180
財政黒字　180
財政支出　22
財政支出乗数　103
財政収支　180
財政スタンス　110
財政政策　102
財政投融資　23
財政等要因　145
財投機関　23
債務不履行　186
裁量　3
三面等価の原則　36

自営業主・家族従業者　86
資金過不足　145
資金吸収のためのオペレーション（資金吸収
　オペ）　45，146
資金供給のためのオペレーション（資金供給
　オペ）　45，146

資源配分機能　134
自己資本比率規制　59
資産買入政策　149
市場分断仮説　118
自然国内総生産（自然 GDP）　125
失業　4
失業者　4
失業率　4
実効為替レート　185
実質　38
実質為替レート　185
実質 GDP　38
実質実効為替レート　185
実質賃金　84
実質利子率　116
実物的景気循環理論　159
ジニ係数　173
資本　2
資本家　2
資本主義　2
資本ストック　167
借用証書　21
就業者　86
需要不足失業　92
需要不足失業率　92
順イールド　117
純資産　16
純粋期待仮説　118
準通貨　60
準備預金制度　58，145
準備率　58
純輸出　34
乗数　101
乗数効果　101
譲渡性預金　60
消費関数　97
消費支出　33
消費者物価指数　5，70
正味資産　16
所得再分配機能　134
ジョブ・ギャランティー（就業保証）　137
シーリング　135

索　引　**199**

伸縮価格　96，124
人的資本　171
信用創造　21，58

ストック　10，15
ストック・フロー一貫モデル　106

政策　23
政策金利　118
生産　1
生産関数　167
生産要素　167
政治的景気循環理論　159
政府支出　22，33
政府支出乗数　101
政府の銀行　24
政府預金　22，24
世界金融危機　160
石油危機　160
セクター　15
節約（倹約）のパラドックス　104
ゼロ金利政策　149
先行指数　156
潜在 GDP　125，159
全要素生産性　158

増価　184
総実労働時間　86
相対価格　184
租税　22
ソロー・スワン・モデル　167

た　行

第一次所得収支　182
大恐慌　160
貸借対照表　16
第二次所得収支　182
大不況　160
短期　96

遅行指数　156

地方公共団体　23
地方政府　23
中央銀行　24
中央銀行券　53
中央銀行当座預金　53
中央政府　23
長期　132
長期均衡点　125
貯蓄投資バランス　114
賃金　3，83
　　——の硬直性　88
賃金・物価スパイラル　78

通貨　22，43
通貨供給曲線　146
通貨需要曲線　146

定常状態　109，169
ディフュージョン・インデックス　154
ディマンドプル・インフレ　78
テイラー・ルール　144
デフォルト　186
デフレーション（デフレ）　5，74

投機的金融　163
統合政府　51
投資関数　116
投資支出　33
投資の限界効率　115
特定期間選好仮説　118
特別に支払われた給与（特別給与）　84

な　行

内生変数　98
ナッシュ均衡　64

日銀当預増減　147
日本銀行　24
日本銀行当座預金（日銀当預）　24

は 行

ハイパーインフレーション　75
発券銀行　24
バブル崩壊　160
バランスシート　16
バランスシート規制　59

非金融法人企業　18
非自発的失業　88
非自発的な離職　87
非仲介型金融機関　19
ビッド・レート　184
非伝統的金融政策　150
一人あたり GDP　165
ビルトイン・スタビライザー　3, 55

フィナンシャル・アクセラレーター　159
（賃金版）フィリップス曲線　93
付加価値　30
負債デフレーション　162
物価　5
物価インフレーション　74
不平等度　175
部門　15
プライマリー・バランス　180
フロー　10, 15

閉鎖経済モデル　97
ベーシック・インカム　139
ヘッジ金融　163
ベバリッジ曲線　90

貿易赤字　12
貿易・サービス収支　182
封建制　2
補正予算　136
ポリシー・ミックス　123
ポンツィ金融　163

ま 行

マイナス金利政策　149
マクロ経済学　1
摩擦的失業　89
マネーストック　60, 62
マネタリーベース　62

ミンスキー・モーメント　163

無担保コール翌日物金利　144

名目　38
名目為替レート　184
名目 GDP　38
名目実効為替レート　185
名目利子率　116
メニューコスト　76

や 行

有効需要　98

預金通貨　60
予想外のインフレのコスト　77

ら 行

リアル・ビジネス・サイクル理論　159
利回り　117
利回り曲線　74
流動性　118
流動性プレミアム仮説　118
量的緩和政策　149
量的・質的金融緩和　149
量的引き締め　150

累進所得税　54
ルール　3

連鎖方式　38

労働供給　83
労働市場　83
労働者　2
労働需要　83
労働力　137
労働力人口　86
ローレンツ曲線　173

数字・欧字

45度線分析　101

AD曲線　124
B/S　16
CD　60
CI　155
CPI　5, 70
DI　154

GDP　7, 30
GDPデフレーター　39, 72
IS-MPモデル　122
IS-MP-IAモデル　126
IS曲線　119
ISバランス　114
MP曲線　121
QE　149
QQE　149
QT　150
RBC理論　159
SFCモデル　106
TFP　158
TTB　184
TTS　184
UV曲線　90
YCC　150

著者紹介

郡司　大志（ぐんじ　ひろし）

1997 年　法政大学経済学部経済学科卒業
2007 年　法政大学大学院社会科学研究科経済学専攻博士後期課程修了，博士（経済学）
現　　年　大東文化大学経済学部現代経済学科教授

主要著書・論文

郡司大志・齊藤誠・宮﨑憲治（2015）「東日本大震災の家計消費への影響について：恒常所得仮説再訪」齊藤誠（編）『震災と経済（大震災に学ぶ社会科学　第4巻）』第3章，71〜100頁，2015年5月，東洋経済新報社。

Gunji, Hiroshi (2024), "Did BOJ's Negative Interest Rate Policy Increase Bank Lending?" *Japanese Economic Review*, January 2024, Springer.

郡司大志・小野有人・鎮目雅人・内田浩史・安田行宏（2024）「日本の銀行における流動性創出指標」『日本経済研究』第82号，49〜77頁，2024年7月，日本経済研究センター。

Aono, Kohei, Hiroshi Gunji, and Hayato Nakata (2022), "Did the Bank of Japan's Purchases of Exchange-Traded Funds Affect Stock Prices? A Synthetic Control Approach," *Applied Economics Letters*, Vol. 29, Issue 20, pp. 1859-1863, February 2021, Taylor & Francis.

Gunji, Hiroshi, and Kenji Miyazaki (2011), "Estimates of Average Marginal Tax Rates on Factor Incomes in Japan," *Journal of the Japanese and International Economies*, Vol. 25, No. 2, pp. 81-106, June 2011, Elsevier.

Gunji, Hiroshi, and Yuan Yuan (2010), "Bank Profitability and the Bank Lending Channel: Evidence from China," *Journal of Asian Economics*, Vol. 21, No. 2, pp. 129-141, April 2010, Elsevier.

Gunji, Hiroshi, Kazuki Miura, and Yuan Yuan (2009), "Bank Competition and Monetary Policy," *Japan and the World Economy*, Vol. 21, No. 1, pp. 105-115, January 2009, Elsevier.

● ライブラリ 経済学への招待—3

マクロ経済学への招待

2024年11月10日 ©　　　　　　　　　　初 版 発 行

著　者　郡 司 大 志　　　　発行者　御園生晴彦
　　　　　　　　　　　　　　印刷者　篠倉奈緒美
　　　　　　　　　　　　　　製本者　小 西 惠 介

【発行】　　　　　　株式会社　新世社
〒151-0051　東京都渋谷区千駄ヶ谷1丁目3番25号
編集　☎(03) 5474-8818(代)　　サイエンスビル
【発売】　　　　　　株式会社　サイエンス社
〒151-0051　東京都渋谷区千駄ヶ谷1丁目3番25号
営業　☎(03) 5474-8500(代)　　振替 00170-7-2387
FAX　☎(03) 5474-8900

印刷　(株)ディグ　　　製本　(株)ブックアート
《検印省略》

本書の内容を無断で複写複製することは，著作者および出
版者の権利を侵害することがありますので，その場合には
あらかじめ小社あて許諾をお求め下さい.

サイエンス社・新世社のホームページのご案内
https://www.saiensu.co.jp
ご意見・ご要望は
shin@saiensu.co.jp まで.

ISBN 978-4-88384-398-5

PRINTED IN JAPAN

ライブラリ経済学への招待 2

ミクロ経済学への招待

島田　剛 著
A5判／264頁／本体2,450円（税抜き）

ミクロ経済学のもっとも易しいレベルに設定しつつ，そこで終わることなく中級，あるいは経済学の他の関連分野にも興味が湧くように作られた入門テキスト。経済学を初めて学ぶ人，政策やビジネスの実務家で経済学を勉強したい人，またデータ分析について興味がある人を想定して，それぞれに役立つ知識をできるだけ直感的に理解できるよう解説を心がけた。読みやすい2色刷。

【主要目次】
経済を見る眼
1　市場がうまく動く時，経済はどう動くか　経済を3つのレンズから視る／需要・供給と価格の関係／値段が上がっても買うもの，買うのをやめるもの／満足できる買い物とは／企業の行動／企業はどうしたら利潤を大きくできるか／なぜ完全競争市場が望ましいのか／完全競争市場への政府の介入
2　市場が「失敗」する時　市場の失敗①／市場の失敗②
3　ミクロ経済学のもっと先へ　国際経済／武器としてのミクロ経済学

発行　新世社　　発売　サイエンス社